Mit der Bibel durch die Fastenzeit

Mit der Bibel durch die Fastenzeit

KREUZ

MIX
Papier aus verantwortungsvollen Quellen
FSC® C106847
FSC
www.fsc.org

www.kreuz-verlag.de

Umschlaggestaltung: Verlag Herder
Umschlagfoto: © Getty Images

Satz: de·te·pe, Aalen
Herstellung: fgb · freiburger graphische betriebe
www.fgb.de

Printed in Germany

ISBN 978-3-451-61130-8

Vorwort

Liebe Leserin, lieber Leser,

die Wochen zwischen Aschermittwoch und Ostern sind eine Zeit, in der wir uns auf das Eigentliche im Leben besinnen: auf den Urgrund des Lebens, auf Gott, der den Menschen im Leben und Leiden seines Sohnes nahe gekommen ist.

Viele Menschen aus allen Konfessionen haben in den letzten Jahren die sieben Wochen vor Ostern als solch eine spirituelle Fastenzeit wiederentdeckt, in der sie bewusst dem nachspüren wollen, was ihr Leben trägt. Sie verzichten in dieser Zeit beispielsweise auf eine Gewohnheit, von der sie merken, dass sie ihnen eigentlich gar nicht guttut. Und sie räumen dem ein wenig Zeit in ihrem Leben ein, was in der Hektik des Alltags sonst zu kurz kommt: das Innehalten am Morgen oder Abend, das Besinnen und das Sich-Öffnen für Gottes Wort.

Mit der Bibel durch die Fastenzeit möchte Sie in dieser Zeit begleiten und Ihnen jeden Tag einen wichtigen Text aus dem Neuen Testament erschließen. Wir haben uns für die Gleichnisse Jesu, die Bergpredigt und die Leidensgeschichte Jesu nach Matthäus entschieden. Alle diese Texte spiegeln etwas von dem, was den christlichen Glauben ausmacht: Sie erzählen von der Verheißung des Reichs Gottes, das nicht in einer fernen Zukunft liegt, sondern jetzt schon angebrochen ist. Sie nehmen uns mit in die Leidensgeschichte Jesu, die vom Versagen seiner engsten Verbündeten, vom unfassbaren Leiden des Menschen Jesus und von der Grausamkeit aufgehetzter Menschenmassen erzählt. Und wir lesen die Ostergeschichte nach Lukas mit der Emmausgeschichte, die von der Erfahrung der Jünger berichten, dass Jesus auferstanden ist.

In der katholischen Tradition sind die Sonntage vom Fasten ausgenommen. So erklärt sich, warum 40 Tage Fastenzeit auf sieben Wochen verteilt sind. Wir greifen diese Tradition auf, indem wir für die sechs Sonntage bis Ostern besondere Seiten anbieten: Sie enthalten keine Bibellektüre, sondern Liedverse, die vielleicht eine Melodie in Ihnen erklingen lassen, die Sie durch den Sonntag begleitet.

Wir hoffen, dass Ihnen *Mit der Bibel durch die Fastenzeit* neue Gedanken zu den vertrauten Geschichten erschließt, und wünschen Ihnen eine gesegnete Fasten- und Osterzeit!

Ihr
Kreuz Verlag

Versuchung

1 Dann wurde Jesus vom Geist in die Wüste geführt; dort
sollte er vom Teufel in Versuchung geführt werden. 2 Als er
vierzig Tage und vierzig Nächte gefastet hatte, bekam er
Hunger. 3 Da trat der Versucher an ihn heran und sagte:
Wenn du Gottes Sohn bist, so befiehl, dass aus diesen Stei-
nen Brot wird. 4 Er aber antwortete: In der Schrift heißt es:
Der Mensch lebt nicht nur von Brot, sondern von jedem
Wort, das aus Gottes Mund kommt. 5 Darauf nahm ihn der
Teufel mit sich in die Heilige Stadt, stellte ihn oben auf den
Tempel 6 und sagte zu ihm: Wenn du Gottes Sohn bist, so
stürz dich hinab; denn es heißt in der Schrift: Seinen Engeln
befiehlt er, /
dich auf ihren Händen zu tragen, /
damit dein Fuß nicht an einen Stein stößt.
7 Jesus antwortete ihm: In der Schrift heißt es auch: Du
sollst den Herrn, deinen Gott, nicht auf die Probe stellen.
8 Wieder nahm ihn der Teufel mit sich und führte ihn auf ei-
nen sehr hohen Berg; er zeigte ihm alle Reiche der Welt mit
ihrer Pracht 9 und sagte zu ihm: Das alles will ich dir geben,
wenn du dich vor mir niederwirfst und mich anbetest. 10 Da
sagte Jesus zu ihm: Weg mit dir, Satan! Denn in der Schrift
steht: Vor dem Herrn, deinem Gott, sollst du dich niederwer-
fen und ihm allein dienen. 11 Darauf ließ der Teufel von
ihm ab und es kamen Engel und dienten ihm.

Matthäus 4,1–11

Kaum hat der Geist Gottes bei der Taufe Jesu dessen Gottessohnschaft offenbart, führt er ihn in die Wüste. Es scheint, als müsste Jesus sich darüber klar werden, wie er mit dieser Erkenntnis umgehen soll. 40 Tage fastet er in der kargen, aber majestätischen Landschaft der judäischen Wüste, allein mit sich selbst, mit den Fragen und Ängsten. Über diese 40 Tage erfahren wir nichts. Aber dann kommt der Versucher. Es ist nicht von ungefähr, dass in dem Wort »Versucher« die »Suche« enthalten ist. Jesus sucht nach dem richtigen Weg. So jedenfalls stellt es sich der Evangelist wohl vor. Wenn Jesus wirklich Gottes Sohn ist, dann sollte er über die Macht verfügen, die ihm da unterstellt wird: die Macht über die eigene körperliche Bedürftigkeit, die Macht über den eigenen Tod und die Macht über andere Menschen und Völker. Einfach die menschlichen Gebundenheiten aufheben, aus Steinen Brot machen, demonstrativ von der Höhe des Tempels springen und dem Tod ein Schnippchen schlagen und schließlich das Gottesreich von oben herunter der Menschheit verordnen.

Diese Versuchung ist menschlich. Wie oft haben wir uns schon gewünscht, Gott oder irgendein anderer gewaltiger Friedensfürst würde in den Lauf der Welt eingreifen, kraft seines Wortes der Not ein Ende machen, sein Reich mit Macht errichten und die Widersacher einfach vertreiben. In wie vielen Psalmen wird genau dies erfleht? Aber was wäre dann mit der Freiheit unseres Willens? Was würden wir begreifen? Wäre das eine »friedliche Lösung«?

Wohl nicht. Denn für diese vermeintlich einfache

Lösung müssten wir wie Jesus den Satan anbeten: die Gewalt in Kauf nehmen, andere unterdrücken und unterjochen. Wo wäre da noch Platz für die Liebe und für die Freiheit?

Jesus entscheidet sich gegen diesen Weg. Er will ganz Mensch sein, mit allen Schwächen, und auf Gott allein vertrauen. Er will überzeugen, anstatt zu befehlen, und die Herzen der Menschen gewinnen. Er will einer von uns bleiben.

Und so weist er den Versucher von sich – und kehrt zu den Menschen zurück.

DAGMAR KÖHRING

Vater im Himmel, schenke mir die Kraft, wie Jesus allein auf deinen Weg zu vertrauen und allein von dir das Heil zu erwarten.

Die richtige Fragestellung

25 Da stand ein Gesetzeslehrer auf, und um Jesus auf die
Probe zu stellen, fragte er ihn: Meister, was muss ich tun, um
das ewige Leben zu gewinnen? **26** Jesus sagte zu ihm: Was
steht im Gesetz? Was liest du dort? **27** Er antwortete: Du
sollst den Herrn, deinen Gott, lieben mit ganzem Herzen und
ganzer Seele, mit all deiner Kraft und all deinen Gedanken,
und: Deinen Nächsten sollst du lieben wie dich selbst. **28** Je-
sus sagte zu ihm: Du hast richtig geantwortet. Handle danach
und du wirst leben. **29** Der Gesetzeslehrer wollte seine Frage
rechtfertigen und sagte zu Jesus: Und wer ist mein Nächster?
30 Darauf antwortete ihm Jesus: Ein Mann ging von Jerusa-
lem nach Jericho hinab und wurde von Räubern überfallen.
Sie plünderten ihn aus und schlugen ihn nieder; dann gingen
sie weg und ließen ihn halb tot liegen. **31** Zufällig kam ein
Priester denselben Weg herab; er sah ihn und ging weiter.
32 Auch ein Levit kam zu der Stelle; er sah ihn und ging wei-
ter. **33** Dann kam ein Mann aus Samarien, der auf der Reise
war. Als er ihn sah, hatte er Mitleid, **34** ging zu ihm hin, goss
Öl und Wein auf seine Wunden und verband sie. Dann hob er
ihn auf sein Reittier, brachte ihn zu einer Herberge und sorgte
für ihn. **35** Am andern Morgen holte er zwei Denare hervor,
gab sie dem Wirt und sagte: Sorge für ihn, und wenn du mehr
für ihn brauchst, werde ich es dir bezahlen, wenn ich wieder-
komme. **36** Was meinst du: Wer von diesen dreien hat sich als
der Nächste dessen erwiesen, der von den Räubern überfallen
wurde? **37** Der Gesetzeslehrer antwortete: Der, der barm-
herzig an ihm gehandelt hat. Da sagte Jesus zu ihm: Dann geh
und handle genauso! *Lukas 10,25–37*

Von der richtigen oder falschen Fragestellung kann viel abhängen. Nachdem im vorhergehenden Gespräch das Doppelgebot der Gottes- und Nächstenliebe (V. 25–28) als Erfüllung des ganzen Gesetzes zur Sprache kam, spitzt sich die Diskussion nun auf die Frage des Gesetzeslehrers zu: »Wer ist mein Nächster?« Bezugspunkt bleibt also die eigene Person, die den Maßstab für die Antwort bildet. Hintergrund ist eine zur Zeit Jesu sehr aktuelle Debatte über die Gesetzesauslegung: Meint »Nächster« den unmittelbaren Nachbarn, den Freund oder jede in der Nähe lebende Person? Jesus lässt sich auf solche Spitzfindigkeiten nicht ein, sondern kehrt nach seiner Erzählung die Frage um und gibt ihr eine ganz andere Richtung: »Wer hat sich als der Nächste dessen erwiesen, der überfallen wurde?« (V. 36). Jesus will damit sagen: Bei der Frage nach der Nächstenliebe darf man sich nicht selbst zum Maßstab nehmen, sondern muss den Hilfsbedürftigen in die Mitte stellen. Wer von sich absehen kann und sich von der Not anderer ansprechen lässt, erfüllt den Willen Gottes auf dem Weg zum ewigen Leben.

Noch etwas ist wichtig: Eine bestimmte Tradition geistlicher Schriftauslegung, die auf die Kirchenväter zurückgeht, empfiehlt, die Gleichnisse zuerst von Jesus her zu sehen und zu fragen: Was sagen sie über ihn? In dieser Perspektive ist Jesus selbst der barmherzige Samariter, der in seinem Tun Völkerfeindschaft und trennende Schranken überwindet. Mit der Erwähnung des Priesters und des Leviten, die an dem Überfallenen vorübergehen, soll aus der Sicht Jesu weiterhin deutlich werden, dass Kult und Erbarmen im konkreten Verhalten nicht voneinander getrennt werden dürfen. Denn: Verehrung Gottes ohne Sorge um den Menschen geht genauso ins Leere wie ein Menschsein, das nur um sich selbst kreist und nicht nach dem Willen Gottes fragt – aber die Art und Weise der Frage ist schon entscheidend!

KARL HILLENBRAND

Lass uns deine Herrlichkeit
sehen auch in dieser Zeit
und mit unsrer kleinen Kraft
suchen, was den Frieden schafft:
Erbarm dich, Herr!

Fragwürdiger Reichtum

13 Einer aus der Volksmenge bat Jesus: Meister, sag meinem
Bruder, er soll das Erbe mit mir teilen. 14 Er erwiderte ihm:
Mensch, wer hat mich zum Richter oder Schlichter bei euch
gemacht? 15 Dann sagte er zu den Leuten: Gebt acht, hütet
euch vor jeder Art von Habgier. Denn der Sinn des Lebens
besteht nicht darin, dass ein Mensch aufgrund seines großen
Vermögens im Überfluss lebt. 16 Und er erzählte ihnen fol-
gendes Beispiel: Auf den Feldern eines reichen Mannes
stand eine gute Ernte. 17 Da überlegte er hin und her: Was
soll ich tun? Ich weiß nicht, wo ich meine Ernte unterbringen
soll. 18 Schließlich sagte er: So will ich es machen: Ich werde
meine Scheunen abreißen und größere bauen; dort werde
ich mein ganzes Getreide und meine Vorräte unterbringen.
19 Dann kann ich zu mir selber sagen: Nun hast du einen
großen Vorrat, der für viele Jahre reicht. Ruh dich aus, iss
und trink und freu dich des Lebens! 20 Da sprach Gott zu
ihm: Du Narr! Noch in dieser Nacht wird man dein Leben
von dir zurückfordern. Wem wird dann all das gehören, was
du angehäuft hast? 21 So geht es jedem, der nur für sich
selbst Schätze sammelt, aber vor Gott nicht reich ist.

Lukas 12,13–21

Jesus soll einem Menschen, der sich in einem Erbschaftsstreit benachteiligt fühlt, zu seinem Recht verhelfen. Hinter dem vordergründigen Streitfall aber verbirgt sich für ihn mehr, nämlich die Gottesfrage. Deshalb will Jesus ihm mit seiner im Gleichnis verschlüsselten Antwort helfen, den Sinn seines Lebens nicht zu verfehlen.

Er erklärt, dass »niemand davon lebt, dass er viele Güter hat« (V. 15). Und die hatte der »reiche Kornbauer«. Er hatte Glück und Verstand. Er wusste, was er wollte. Seine geplante Kapitalerweiterung verrät unternehmerisches Können. Er ist auf Wirtschaftswachstum und Vermögensbildung aus. Dieser entschlussfreudige, clevere Geschäftsmann sorgt für seinen Ruhestand vor, in dem er sich auch etwas gönnen möchte. Der »Hans im Glück«, wer wollte das nicht sein? Diesem tüchtigen Mann kann kein unkorrektes Verhalten nachgesagt werden.

Dennoch macht er einen Fehler. Er hatte nicht einkalkuliert, dass jedes Glück zeitlich begrenzt ist. An der Grenze des Lebens – besonders beim Tod – zeigt es sich, dass der Mensch zeit seines Lebens mit Gott zu tun hat. Er hatte Gott vergessen. Darum kann Jesus zu ihm sagen: »Du Narr!« Dies ist, an Gottes Wort gemessen, die Wahrheit über den Menschen schlechthin. Wenn wir versäumen, den Anspruch Gottes, des Schöpfers und Erhalters aller irdischen Gaben, in die Lebensplanung und -gestaltung einzubeziehen, verlieren wir auch unsere Mitmenschen aus dem Blick. Beide Beziehungsfelder aber sind die Grundlage für ein reiches, erfülltes Leben, sagt das Evangelium.

Als Christen haben wir die Aufgabe, andere Wertmaßstäbe als die in einer von Leistung und materiellen Werten bestimmten Gesellschaft zu betonen und zu praktizieren. Unsere Solidarität muss dabei immer den Menschen gehören, die wenig oder gar keine Möglichkeiten besitzen, ihre bescheidene Lebensqualität zu verbessern. Wir dürfen nicht müde werden, durch Einschränkung eigener Wünsche bei vielen Gelegenheiten dort zu helfen, wo menschliches Leben bedroht ist.

WOLFGANG FINGER

Guter Gott, gib uns die Klugheit, mit unserem Hab und Gut so umzugehen, dass auch andere davon leben können.

Tischrunde im Reich Gottes

15 Als einer der Gäste das hörte, sagte er zu Jesus: Selig, wer
im Reich Gottes am Mahl teilnehmen darf. 16 Jesus sagte zu
ihm: Ein Mann veranstaltete ein großes Festmahl und lud
viele dazu ein. 17 Als das Fest beginnen sollte, schickte er
seinen Diener und ließ den Gästen, die er eingeladen hatte,
sagen: Kommt, es steht alles bereit! 18 Aber einer nach dem
andern ließ sich entschuldigen. Der erste ließ ihm sagen: Ich
habe einen Acker gekauft und muss jetzt gehen und ihn be-
sichtigen. Bitte, entschuldige mich! 19 Ein anderer sagte: Ich
habe fünf Ochsengespanne gekauft und bin auf dem Weg, sie
mir genauer anzusehen. Bitte, entschuldige mich! 20 Wieder
ein anderer sagte: Ich habe geheiratet und kann deshalb
nicht kommen. 21 Der Diener kehrte zurück und berichtete
alles seinem Herrn. Da wurde der Herr zornig und sagte zu
seinem Diener: Geh schnell auf die Straßen und Gassen der
Stadt und hol die Armen und die Krüppel, die Blinden und
die Lahmen herbei. 22 Bald darauf meldete der Diener:
Herr, dein Auftrag ist ausgeführt; aber es ist immer noch
Platz. 23 Da sagte der Herr zu dem Diener: Dann geh auf
die Landstraßen und vor die Stadt hinaus und nötige die
Leute zu kommen, damit mein Haus voll wird. 24 Das aber
sage ich euch: Keiner von denen, die eingeladen waren, wird
an meinem Mahl teilnehmen.

Lukas 14,15–24

Heute eröffnet einer der Gäste – provozierend oder als dankbares »Echo« auf Jesu Rede – das Gespräch, und Jesus antwortet mit dem »Gleichnis vom Großen Abendmahl«. In der Parabel begegnen uns die Freunde des Hausherrn – die Führer im Volk Israel, denen das Drohwort Jesu in V. 24 gilt; alsdann die Ersatzgäste, nämlich die Verachteten und sogar vom Besuch des Tempels Ausgeschlossenen; und schließlich die zweiten Ersatzgäste: die Heiden, denen Gottes Mission gilt.

Aber heute und hier geht Jesus mit dem »euch« unmittelbar auf uns Leser zu. Jetzt spricht nicht mehr der »Hausherr« der Parabel, sondern Christus als der Einladende zum Gastmahl im Reich Gottes. Die Einladung Jesu erreicht uns vielfach. Gründe zur Ablehnung sind durch Verflochtenheiten in notwendige Bezüge verständlich. Tun wir Böses, wenn wir Besitz wahren und Mitmenschlichkeit pflegen? Freilich setzen wir damit eine Priorität. Wann hindern uns weltliche Bindungen, einmal am Tisch des göttlichen Gastgebers in der Ewigkeit teilzuhaben? Wir sind täglich gefordert, ob und womit wir der Einladung Gottes folgen oder uns ihr verschließen. Jeder von uns, so weiß der ungeduldige »Hausherr«, trägt die Verantwortung für sein Geschick in der Ewigkeit.

Die Situation der Entscheidung ist so ernst, dass Jesus sich bis zum »Nötigen« steigert. Die Freiheit zur Ablehnung bleibt. Aber daneben steht werbend die Freude Gottes an einem »vollen Haus« in der Ewigkeit für die von ihm ins Leben gerufenen Menschen. Nicht die Angst, das Dabeisein zu verfehlen, will mich bedrängen; vielmehr bleibt als Zielpunkt meines Lebens die Aussage – des Skeptikers oder des Gläubigen – in V 15: »Wohl dem, der im Reiche Gottes mit zu Tisch sitzen wird.«

HELGA GILBERT

Du hast uns, Herr, gerufen, und darum sind wir hier. Wir sind jetzt deine Gäste und danken dir. Herr, öffne unsere Herzen und unser Ohr.

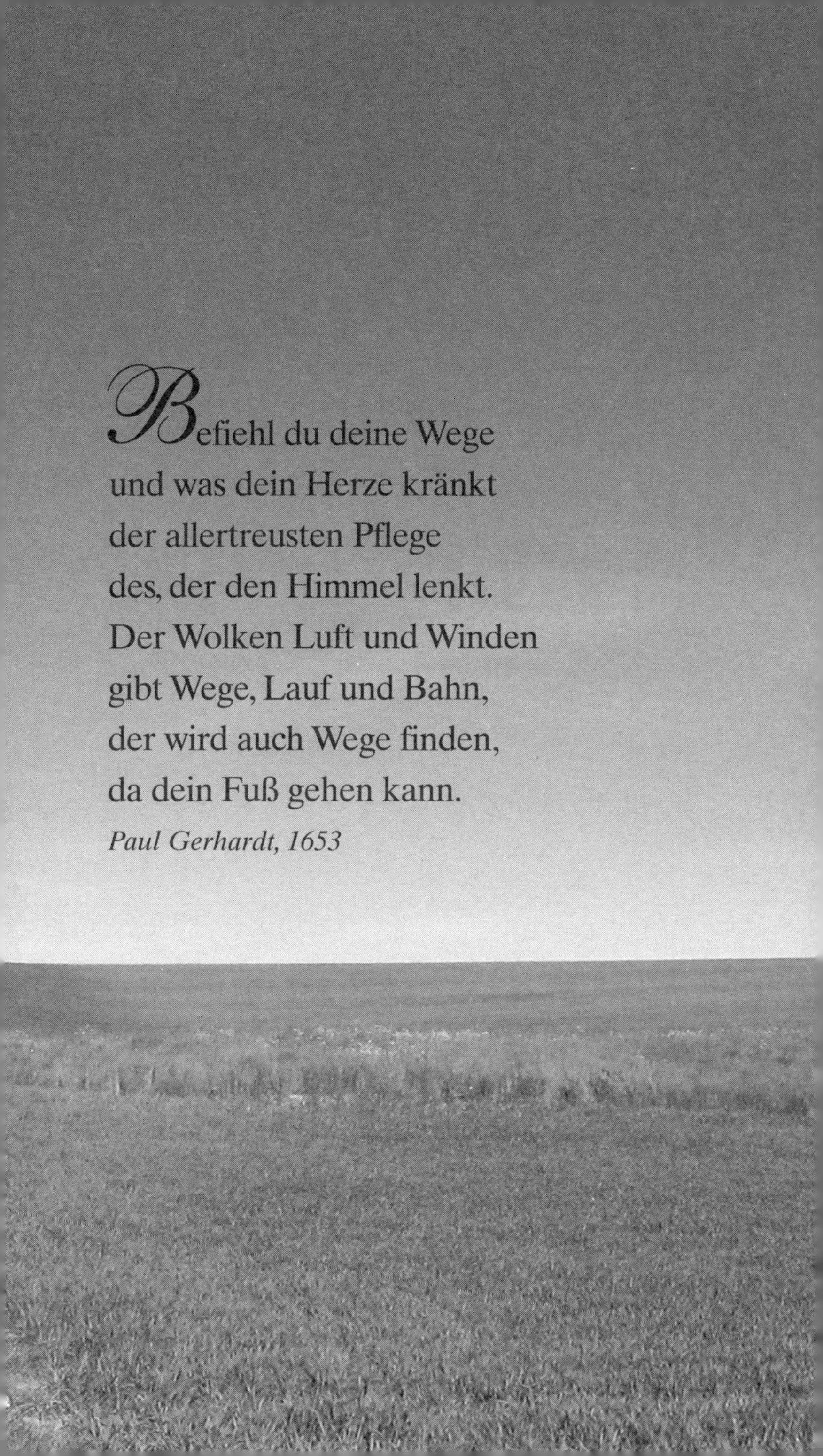

Befiehl du deine Wege
und was dein Herze kränkt
der allertreusten Pflege
des, der den Himmel lenkt.
Der Wolken Luft und Winden
gibt Wege, Lauf und Bahn,
der wird auch Wege finden,
da dein Fuß gehen kann.

Paul Gerhardt, 1653

Mehr als Familiengeschichten

11 Und er sprach: Ein Mensch hatte zwei Söhne. 12 Und
der jüngere von ihnen sprach zu dem Vater: Gib mir, Vater,
das Erbteil, das mir zusteht. Und er teilte Hab und Gut un-
ter sie. 13 Und nicht lange danach sammelte der jüngere
Sohn alles zusammen und zog in ein fernes Land; und dort
brachte er sein Erbteil durch mit Prassen.

14 Als er nun all das Seine verbraucht hatte, kam eine
große Hungersnot über jenes Land und er fing an zu darben
15 und ging hin und hängte sich an einen Bürger jenes Lan-
des; der schickte ihn auf seinen Acker, die Säue zu hüten.
16 Und er begehrte, seinen Bauch zu füllen mit den Schoten,
die die Säue fraßen; und niemand gab sie ihm. 17 Da ging er
in sich und sprach: Wie viele Tagelöhner hat mein Vater, die
Brot in Fülle haben, und ich verderbe hier im Hunger!
18 Ich will mich aufmachen und zu meinem Vater gehen und
zu ihm sagen: Vater, ich habe gesündigt gegen den Himmel
und vor dir. 19 Ich bin hinfort nicht mehr wert, dass ich dein
Sohn heiße; mache mich zu einem deiner Tagelöhner!
20 Und er machte sich auf und kam zu seinem Vater.

Als er aber noch weit entfernt war, sah ihn sein Vater und
es jammerte ihn; er lief und fiel ihm um den Hals und küsste
ihn. 21 Der Sohn aber sprach zu ihm: Vater, ich habe gesün-
digt gegen den Himmel und vor dir; ich bin hinfort nicht
mehr wert, dass ich dein Sohn heiße. 22 Aber der Vater
sprach zu seinen Knechten: Bringt schnell das beste Gewand
her und zieht es ihm an und gebt ihm einen Ring an seine
Hand und Schuhe an seine Füße 23 und bringt das gemäs-
tete Kalb und schlachtet's; lasst uns essen und fröhlich sein!

24 Denn dieser mein Sohn war tot und ist wieder lebendig
geworden; er war verloren und ist gefunden worden. Und sie
fingen an, fröhlich zu sein.

25 Aber der ältere Sohn war auf dem Feld. Und als er
nahe zum Hause kam, hörte er Singen und Tanzen **26** und
rief zu sich einen der Knechte und fragte, was das wäre. **27**
Der aber sagte ihm: Dein Bruder ist gekommen und dein Va-
ter hat das gemästete Kalb geschlachtet, weil er ihn gesund
wiederhat. **28** Da wurde er zornig und wollte nicht hinein-
gehen. Da ging sein Vater heraus und bat ihn. **29** Er antwor-
tete aber und sprach zu seinem Vater: Siehe, so viele Jahre
diene ich dir und habe dein Gebot noch nie übertreten, und
du hast mir nie einen Bock gegeben, dass ich mit meinen
Freunden fröhlich gewesen wäre. **30** Nun aber, da dieser
dein Sohn gekommen ist, der dein Hab und Gut mit Huren
verprasst hat, hast du ihm das gemästete Kalb geschlachtet.
31 Er aber sprach zu ihm: Mein Sohn, du bist allezeit bei mir
und alles, was mein ist, das ist dein. **32** Du solltest aber fröh-
lich und guten Mutes sein; denn dieser dein Bruder war tot
und ist wieder lebendig geworden, er war verloren und ist
wiedergefunden.

Lukas 15,11–32

Ein Vater, zwei Söhne – das Gleichnis knüpft an starke Bilder an, die uns unmittelbar an unsere eigene Familiengeschichte heranführen: Einen Vater hat jeder, viele haben Geschwister. Und je nachdem, an welcher Stelle ich selbst in der Geschwisterfolge stehe, neige ich dazu, mich eher mit dem Älteren oder mit dem Jüngeren zu identifizieren. Und doch ist das

Gleichnis weit mehr als eine Familiengeschichte. Am deutlichsten zeigt sich das im Verhalten des Vaters, der dem jüngeren Sohn entgegeneilt, ihm keine Strafpredigt hält, sondern ihn bedingungslos wieder als Sohn »einsetzt«, indem er ihn mit Kleid, Schuhen und Ring ausstattet und ihm zu Ehren ein rauschendes Fest ausrichtet: mit Essen, Musik und Tanz – selbst für elterliche Maßstäbe ein mehr als großzügiges Verhalten.

Mit der Begründung: Der Sohn war verloren, mehr noch: »tot«. Nun ist er gefunden und darf wieder an der Fülle des Lebens teilnehmen. Auf den ersten Blick fast paradox die Definitionen von »tot« und »lebendig«: Tot war der Sohn im Augenblick der äußersten Zügellosigkeit und Verschwendungssucht: ein vorweggenommener Tod mitten im Überfluss. Nun, da sich der Sohn wieder in die Ordnungen sinn- und gemeinschaftsstiftenden Lebens eingefügt hat, »lebt« er im wahrsten Sinne des Wortes auf.

Wie in den beiden vorangegangenen Gleichnissen ist der Zielpunkt der Erzählung die überwältigende Freude. Können alle sich mitfreuen? Der ältere Sohn ist noch nicht so weit. Gerade erst vom Feld heimgekommen, quittiert er das großzügige Verhalten des Vaters mit Zorn und mit Verweigerung. Kein Wunder – den meisten von uns ginge es wahrscheinlich genauso, befänden wir uns an seiner Stelle. Was den Älteren bewegt, das sind Vergleiche (wem schenkt Vater das gemästete Kalb? Wen liebt er mehr?) und subjektive Verletzungen (das Kind, das aus der Ferne kommt, ist immer das geliebtere Kind). Dass die väterliche Freude über den nur knapp der Selbstzerstörung entronnenen

Bruder die Liebe seines Vaters zu ihm nicht schmälert, kann er noch nicht begreifen.

ULRIKE KOERTGE

Jesus ist kommen, die Ursach zum Leben.
Hochgelobt sei der erbarmende Gott.

In Sichtweite

19 Es war einmal ein reicher Mann, der sich in Purpur und
feines Leinen kleidete und Tag für Tag herrlich und in Freu-
den lebte. 20 Vor der Tür des Reichen aber lag ein armer
Mann namens Lazarus, dessen Leib voller Geschwüre war.
21 Er hätte gern seinen Hunger mit dem gestillt, was vom
Tisch des Reichen herunterfiel. Stattdessen kamen die
Hunde und leckten an seinen Geschwüren. 22 Als nun der
Arme starb, wurde er von den Engeln in Abrahams Schoß
getragen. Auch der Reiche starb und wurde begraben. 23 In
der Unterwelt, wo er qualvolle Schmerzen litt, blickte er auf
und sah von Weitem Abraham, und Lazarus in seinem Schoß.
24 Da rief er: Vater Abraham, hab Erbarmen mit mir und
schick Lazarus zu mir; er soll wenigstens die Spitze seines
Fingers ins Wasser tauchen und mir die Zunge kühlen, denn
ich leide große Qual in diesem Feuer. 25 Abraham erwi-
derte: Mein Kind, denk daran, dass du schon zu Lebzeiten
deinen Anteil am Guten erhalten hast, Lazarus aber nur
Schlechtes. Jetzt wird er dafür getröstet, du aber musst lei-
den. 26 Außerdem ist zwischen uns und euch ein tiefer, un-
überwindlicher Abgrund, sodass niemand von hier zu euch
oder von dort zu uns kommen kann, selbst wenn er wollte.
27 Da sagte der Reiche: Dann bitte ich dich, Vater, schick ihn
in das Haus meines Vaters! 28 Denn ich habe noch fünf
Brüder. Er soll sie warnen, damit nicht auch sie an diesen
Ort der Qual kommen. 29 Abraham aber sagte: Sie haben
Mose und die Propheten, auf die sollen sie hören. 30 Er er-
widerte: Nein, Vater Abraham, nur wenn einer von den To-
ten zu ihnen kommt, werden sie umkehren. 31 Darauf sagte

Abraham: Wenn sie auf Mose und die Propheten nicht hören, werden sie sich auch nicht überzeugen lassen, wenn einer von den Toten aufersteht.

Lukas 16,19–31

Die Reichen werden verdammt, und die Armen werden gerettet. So scheint es. Für uns wahrscheinlich ein eher unangenehmer Gedanke. Wo wollen wir unseren Platz und unsere Rolle in dem Gleichnis finden?

Von der Schlussszene einmal abgesehen, enthält das Gleichnis zwei Szenen, die sich sehr ähneln. Die erste Szene spielt in dieser Welt: ein Reicher, der Erfolg hat, und ein Armer, der vom Pech des Lebens verfolgt wird. Der Clou ist, dass der eine nicht da und der andere nicht dort lebt. Beide leben in Sichtweite. Der Arme liegt vor der Tür des Reichen. Er weiß, dass hinter der Tür gefeiert wird. Er sieht die Lieferanten und die feinen Leute. Er protestiert nicht. Er wäre zufrieden, wenn er vom Abfall bekäme. Aber die Tür bleibt zu! Obwohl der Reiche den Armen kennt. Er sieht ihn ja täglich. Aber er übersieht ihn, weil er ihn zum Leben nicht braucht. Er kann auch ohne ihn leben.

Die zweite Szene spielt im Jenseits. Nun mit umgekehrten Vorzeichen. Der Arme erhält seinen Platz an der Seite Abrahams, der Reiche erleidet die Qualen der Hölle. Bezeichnend aber ist, dass beide wieder in Sichtweite sind. Nun will der Reiche vom Armen, was der Arme vom Reichen auf Erden gewollt hat: ein bisschen Abfall, ein paar Tropfen Wasser. Aber das ist die eigentliche Umkehrung der Verhältnisse: Was auf Erden ein Leichtes gewesen wäre – die Türe zu öffnen –, ist im Jenseits nicht mehr möglich: der Abgrund ist unüberbrückbar. Das Jenseits macht nur endgültig, was der Reiche auf Erden gelebt hat: die Praxis der verschlossenen Tür.

Das Gleichnis kehrt nicht mechanisch die Verhältnisse um. Aber es macht darauf aufmerksam, dass es keinen Weg zum Himmel gibt vorbei an der Not, die vor unserer Tür liegt. Es war Selbsttäuschung, wenn der Reiche meinte, er brauche den Armen nicht. Der Reiche ist angewiesen auf die Not des Armen. Es kommt alles darauf an, dass wir die Not in unser Leben hereinlassen, die Tür öffnen. Denn es gibt keinen Weg zu Gott, es sei denn mit Lazarus!

HELMUT MERKLEIN

Meine Seele preist die Größe des Herrn,
und mein Geist jubelt über Gott, meinen Retter …
er erbarmt sich von Geschlecht zu Geschlecht
über alle, die ihn fürchten …
Die Hungernden beschenkt er mit seinen Gaben
und lässt die Reichen leer ausgehen (Lk 1,46–55).

Zum Gebet herausgefordert

1 Jesus sagte ihnen durch ein Gleichnis, dass sie allezeit be-
ten und darin nicht nachlassen sollten: 2 In einer Stadt lebte
ein Richter, der Gott nicht fürchtete und auf keinen Men-
schen Rücksicht nahm. 3 In der gleichen Stadt lebte auch
eine Witwe, die immer wieder zu ihm kam und sagte: Ver-
schaff mir Recht gegen meinen Feind! 4 Lange wollte er
nichts davon wissen. Dann aber sagte er sich: Ich fürchte
zwar Gott nicht und nehme auch auf keinen Menschen
Rücksicht; 5 trotzdem will ich dieser Witwe zu ihrem Recht
verhelfen, denn sie lässt mich nicht in Ruhe. Sonst kommt sie
am Ende noch und schlägt mich ins Gesicht. 6 Und der
Herr fügte hinzu: Bedenkt, was der ungerechte Richter sagt.
7 Sollte Gott seinen Auserwählten, die Tag und Nacht zu
ihm schreien, nicht zu ihrem Recht verhelfen, sondern zö-
gern? 8 Ich sage euch: Er wird ihnen unverzüglich ihr Recht
verschaffen. Wird jedoch der Menschensohn, wenn er
kommt, auf der Erde (noch) Glauben vorfinden?

Lukas 18,1–8

Zugegeben: Der Vergleich ist schon ziemlich krass. Aber weil es Jesus darum geht, seine Jünger, seine Gemeinde zum Gebet zu ermutigen, greift er auch zu so drastischen Beispielen. Wenn wir uns nur herausfordern lassen, vertrauensvoll und anhaltend den Vater im Himmel im Gebet zu bestürmen!

Wir wissen doch, dass wir dabei weder ein launisches Schicksal noch einen hartherzigen Richter bearbeiten, beschwatzen, gnädig stimmen müssen. Anschaulich und einladend hat Jesus immer wieder von dem Vater gesprochen, der weiß, was wir brauchen, der seinen Kindern gern und großzügig schenkt, was ihrem Leben Halt, Erfüllung und Geborgenheit gibt. Wer aus dem Gebet eine fromme Leistung machen würde, hätte Jesus nicht verstanden, der um unser Vertrauen zum himmlischen Vater wirbt.

Trotzdem gehört das Gebet in der Regel nicht zu unseren starken Seiten. Die Stille vor Gott, das Hören auf sein Wort, unsere Antwort im Gebet stellen wir als Erstes zur Disposition, wenn unsere Zeit knapp und die Prioritätenliste auf die Effizienz unseres Tuns hin überprüft wird. Wir Aktivisten, wir Macher können uns nur schwer als Hörende, Wartende, Betende sehen. Hat die »Instant-Gesellschaft« (sofort löslich!) uns so verdorben, dass wir auch im Gebet nur noch auf die schnellen Lösungen setzen und nicht mehr darauf warten können, bis Gottes Stunde gekommen ist und er uns auf unser Bitten und Rufen antwortet?

Wir haben von den Beterinnen und Betern in der Geschichte des Volkes Gottes viel zu lernen. Diese wussten, sich gerade in dem stillen, äußerlich wenig aufweisbaren Dienst des Gebetes an der Geschichte der kommenden Gottesherrschaft höchst aktiv zu beteiligen. Und sie haben Ernst damit gemacht, dass die Bitte um das Kommen des Reiches Gottes unseren persönlichen Bitten bewusst vorgeordnet ist – um unseretwillen.

Denn dass Gottes Stunde kommen wird und er einmal alle unsere Fragen beantworten wird, ist sicherer als unser Amen in der Kirche. Dafür verbürgt sich Jesus, unser Herr.

EDWIN BRANDT

Und ob es währt bis in die Nacht
und wieder an den Morgen,
doch soll mein Herz an Gottes Macht
verzweifeln nicht noch sorgen.
So tu Israel rechter Art,
der aus dem Geist erzeuget ward,
und seines Gott's erharre.

Selig … selig … selig …

1 Als Jesus die vielen Menschen sah, stieg er auf einen
Berg. Er setzte sich, und seine Jünger traten zu ihm.
2 Dann begann er zu reden und lehrte sie.
3 Er sagte: Selig, die arm sind vor Gott; /
denn ihnen gehört das Himmelreich.
4 Selig die Trauernden; /
denn sie werden getröstet werden.
5 Selig, die keine Gewalt anwenden; /
denn sie werden das Land erben.
6 Selig, die hungern und dürsten nach der Gerechtigkeit; /
denn sie werden satt werden.
7 Selig die Barmherzigen; /
denn sie werden Erbarmen finden.
8 Selig, die ein reines Herz haben; /
denn sie werden Gott schauen.
9 Selig, die Frieden stiften; /
denn sie werden Söhne Gottes genannt werden.
10 Selig, die um der Gerechtigkeit willen verfolgt werden; /
denn ihnen gehört das Himmelreich.
11 Selig seid ihr, wenn ihr um meinetwillen beschimpft und
verfolgt und auf alle mögliche Weise verleumdet werdet.
12 Freut euch und jubelt: Euer Lohn im Himmel wird groß
sein. Denn so wurden schon vor euch die Propheten ver-
folgt.

Matthäus 5,1–12

Es gibt keinen Menschen, der nicht glücklich werden möchte, wohl aber gibt es viele, die ihr Glück nicht finden. Jesus will uns mehr als glücklich machen, überglücklich sollen wir werden, selig. Neun Mal wiederholt er das Wort »selig« am Anfang seiner Bergpredigt und damit am Anfang seiner gesamten Verkündigung. Dabei ist er weder ein Träumer noch ein Fantast. Dass er das Leid der Menschen kennt, zeigen die einzelnen Seligpreisungen. Jesus weiß um die Trauernden, die Verfolgten, die nach Gerechtigkeit Hungernden. Alle diese Nöte sollen beendet werden. Das geschieht, wenn das Notwendende, das Notwendige getan wird.

Jesus verspricht kein Schlaraffenland, in dem den Untätigen gebratene Tauben in den Mund fliegen. Er ruft dazu auf, ihm zu folgen. Alles, was er in den Seligpreisungen verheißt, zeigt, wie er lebt, wie er ist. Er weiß sich arm angesichts des Vaters, dem er alles verdankt. Er trauert mit den Trauernden. Er wendet keine Gewalt an. Er hungert nach Gerechtigkeit. Er ist unendlich barmherzig. Er hat ein reines Herz. Er stiftet Frieden. Er wird verfolgt.

Im Blick auf ihn kann uns bewusst werden, was uns aufgetragen ist. In der Nachfolge Jesu wird uns die Seligkeit geschenkt, wenn wir zu tun versuchen, was er uns vorgelebt hat. Dass wir das nicht von uns aus schaffen, soll uns nicht abschrecken. Die Erkenntnis unserer Grenzen ist die erste Bedingung für alles, was uns aufgegeben ist. Das bedeutet ja die erste Seligpreisung: »arm vor Gott«. Wer im Glauben weiß, dass er von sich aus nichts vermag, dass er ganz von Gott abhängig ist, kann werden, was die Seligpreisungen uns vor Augen führen: Sieger über die Sucht nach Besitz, Bezwinger aller falschen Lust, voll stiller Kraft, auf der Suche nach Recht und Rechtfertigung, ständig bereit, von Herzen zu helfen, im Innersten rein, willens, um Frieden zu kämpfen, willig, für Christus zu leiden.

PAUL-WERNER SCHEELE

Sei hungrig, arm und sanft,
barmherzig, friedlich, rein,
betrübt, verfolgt um Gott,
so kannst du selig sein.

Glaube – Privatsache?

13 Ihr seid das Salz der Erde. Wenn das Salz seinen Ge-
schmack verliert, womit kann man es wieder salzig machen?
Es taugt zu nichts mehr; es wird weggeworfen und von den
Leuten zertreten. **14** Ihr seid das Licht der Welt. Eine Stadt,
die auf einem Berg liegt, kann nicht verborgen bleiben.
15 Man zündet auch nicht ein Licht an und stülpt ein Gefäß
darüber, sondern man stellt es auf den Leuchter; dann leuch-
tet es allen im Haus. **16** So soll euer Licht vor den Menschen
leuchten, damit sie eure guten Werke sehen und euren Vater
im Himmel preisen.

17 Denkt nicht, ich sei gekommen, um das Gesetz und die
Propheten aufzuheben. Ich bin nicht gekommen, um aufzu-
heben, sondern um zu erfüllen. **18** Amen, das sage ich euch:
Bis Himmel und Erde vergehen, wird auch nicht der kleinste
Buchstabe des Gesetzes vergehen, bevor nicht alles gesche-
hen ist. **19** Wer auch nur eines von den kleinsten Geboten
aufhebt und die Menschen entsprechend lehrt, der wird im
Himmelreich der Kleinste sein. Wer sie aber hält und halten
lehrt, der wird groß sein im Himmelreich. **20** Darum sage
ich euch: Wenn eure Gerechtigkeit nicht weit größer ist als
die der Schriftgelehrten und der Pharisäer, werdet ihr nicht
in das Himmelreich kommen.

Matthäus 5,13–20

Eine Suppe ohne Salz schmeckt langweilig und fad. Eine Suppe mit zu viel Salz ist auch nicht das Wahre. Auf das richtige Maß kommt es an, dann wird eine Suppe schmackhaft. Wenn Jesus zu den Menschen, die ihm nachfolgen, sagt: »Ihr seid das Salz der Erde«, dann drückt er damit aus: »Ihr gebt der Welt Geschmack und macht sie genießbar. Ihr seid wichtig für die Welt!« Wodurch? »Durch das, was ihr von mir gelernt habt und weitergebt mit Worten und mit eurem Verhalten.« Und auch da kommt es darauf an, wie wir das machen.

Gar nicht salzen wir, wenn wir unser Christsein verbergen, sodass es die Menschen um uns herum gar nicht merken – doch damit verfehlen wir unsere Aufgabe. Zu viel salzen wir, wenn wir selbstgerecht unser Christsein herausstellen, als wären wir etwas Besseres. Wenn wir andere bedrängen, sodass sie den Eindruck haben, Gottes Botschaft würde ihnen um die Ohren geschlagen, ohne ihre eigentlichen Fragen und Sorgen zu sehen. Richtig salzen bedeutet für mich: unsere Mitmenschen annehmen und ernst nehmen; hören, was sie beschäftigt; einladen zum Glauben und nicht den anderen unter Druck setzen; einfach das, was wir glauben, im täglichen Leben umsetzen.

Glaube hat immer mit Öffentlichkeit zu tun. Das sagt das andere Bild, das Jesus gebraucht: »Ihr seid das Licht der Welt.« Licht leuchtet, wenn es nicht unter einem Gefäß versteckt wird. Auch wir »leuchten«, wenn wir uns an Jesus orientieren, weil wir sein Licht sozusagen automatisch reflektieren. Jesus sagt nicht: »Ihr sollt Licht sein, ihr sollt Salz sein – strengt euch an!« Nein, er sagt: »Ihr seid es, wenn ihr euch an mich haltet.«

Die Herrnhuter Brüder haben das z. B. so gemacht: Sie gingen zu den Sklaven auf der Karibikinsel St. Thomas und arbeiteten und lebten mit ihnen. Sie warteten, bis sie gefragt wurden: »Warum tut ihr das?« Und dann haben sie von Jesus und von Gottes befreiender Botschaft erzählt. Konsequent leben, was wir glauben – das wird nicht ohne Wirkung für unser Umfeld bleiben.

ANNEMARIE STEINEBRUNNER

… und allein von deinem Brennen
nehme unser Licht den Schein;
also wird die Welt erkennen,
dass wir deine Jünger sein.

Ich habe keine Schwester mehr!

21 Ihr habt gehört, dass zu den Alten gesagt worden ist: Du
sollst nicht töten; wer aber jemand tötet, soll dem Gericht
verfallen sein. 22 Ich aber sage euch: Jeder, der seinem Bru-
der auch nur zürnt, soll dem Gericht verfallen sein; und wer
zu seinem Bruder sagt: Du Dummkopf!, soll dem Spruch
des Hohen Rates verfallen sein; wer aber zu ihm sagt: Du
(gottloser) Narr!, soll dem Feuer der Hölle verfallen sein.
23 Wenn du deine Opfergabe zum Altar bringst und dir da-
bei einfällt, dass dein Bruder etwas gegen dich hat, 24 so
lass deine Gabe dort vor dem Altar liegen; geh und versöhne
dich zuerst mit deinem Bruder, dann komm und opfere
deine Gabe. 25 Schließ ohne Zögern Frieden mit deinem
Gegner, solange du mit ihm noch auf dem Weg zum Gericht
bist. Sonst wird dich dein Gegner vor den Richter bringen
und der Richter wird dich dem Gerichtsdiener übergeben
und du wirst ins Gefängnis geworfen. 26 Amen, das sage ich
dir: Du kommst von dort nicht heraus, bis du den letzten
Pfennig bezahlt hast.

Matthäus 5,21–26

Meine Schwester? Die existiert für mich nicht mehr! Ich habe keine Schwester mehr!« Für mich als Seelsorgerin gehört es mit zu den bedrückendsten Situationen, wenn ich Sätze wie diese höre. Nicht, dass die Schwester gestorben wäre – was an sich schlimm genug wäre! Sie lebt noch, ganz in der Nähe. Aber für meinen Gesprächspartner existiert die

Schwester deshalb nicht mehr, weil sich das Geschwisterpaar aus irgendeinem Anlass heraus einmal schlimm zerstritten und seitdem nicht mehr zueinander gefunden hat. Zwar spüre ich bei meinem Gesprächspartner neben der Bitterkeit auch eine tiefe Traurigkeit über den Verlust der Schwester – dennoch scheint ein Heilen der Beziehung aussichtslos zu sein; der Weg zueinander hat sich als Sackgasse erwiesen; die Verbindung zwischen den Geschwistern ist unwiederbringlich zerstört.

So verstehe ich die kompromisslosen Worte Jesu in unserer heutigen Zeit: Wer sich mit seinen Geschwistern, mit seinen Eltern, Freunden oder Nachbarn so heftig zerstritten hat, hat alles Lebendige, Fröhliche, Verbindende und Bereichernde zerstört. Die Brücken sind abgebrochen, das Todesurteil über die Beziehung ist gesprochen.

Jesu eindringliche Mahnung möchte jenem Todesurteil, dem resignierten und verbitterten »Zu spät!«, zuvorkommen: Lass es doch gar nicht so weit kommen! Verhindere ein dauerhaftes Zerwürfnis, geh du als Erster zu deinem Bruder oder zu deiner Schwester und räume die Ursache des Streits aus dem Weg! Wie willst du mit Gott in Frieden leben, wenn du nicht einmal mit deinem Nächsten Frieden geschlossen hast?

Und – möchte man hinzufügen – im Grunde ist es doch gar nicht so wichtig, wer am Ende recht behält. Mach du den ersten Schritt, obwohl du vielleicht aus gutem Grunde erwarten könntest, dass dein Bruder oder deine Schwester einlenken müsste. Verzichte auf dein vermeintliches Recht, gib deinem Herzen einen Stoß!

Wie sagte Jesus am Anfang seiner Bergpredigt? »Selig sind, die Frieden stiften.«

ULRIKE KOERTGE

Gott, wir hören dein Wort vom Frieden und Heil für alle Völker. Wir hören die Verheißung vom Licht, das sich durchsetzen wird trotz aller Finsternis dieser Welt. Vor Augen aber haben wir unsere Unversöhnlichkeit und Rechthaberei – unsere Hilflosigkeit gegenüber dem, was uns ängstigt und bedrückt, und gegenüber dem, was wir uns und anderen schuldig geblieben sind. Darum bitten wir: Erbarme dich.

Wohl denen, die da wandeln
vor Gott in Heiligkeit,
nach seinem Worte handeln
und leben allezeit;
die recht von Herzen suchen Gott
und seine Zeugniss' halten,
sind stets bei ihm in Gnad.

Cornelius Becker, 1602

Verantwortung übernehmen

27 Ihr habt gehört, dass gesagt worden ist: Du sollst nicht die
Ehe brechen. 28 Ich aber sage euch: Wer eine Frau auch nur
lüstern ansieht, hat in seinem Herzen schon Ehebruch mit
ihr begangen. 29 Wenn dich dein rechtes Auge zum Bösen
verführt, dann reiß es aus und wirf es weg! Denn es ist bes-
ser für dich, dass eines deiner Glieder verloren geht, als dass
dein ganzer Leib in die Hölle geworfen wird. 30 Und wenn
dich deine rechte Hand zum Bösen verführt, dann hau sie ab
und wirf sie weg! Denn es ist besser für dich, dass eines dei-
ner Glieder verloren geht, als dass dein ganzer Leib in die
Hölle kommt.

31 Ferner ist gesagt worden: Wer seine Frau aus der Ehe
entlässt, muss ihr eine Scheidungsurkunde geben. 32 Ich
aber sage euch: Wer seine Frau entlässt, obwohl kein Fall von
Unzucht vorliegt, liefert sie dem Ehebruch aus; und wer eine
Frau heiratet, die aus der Ehe entlassen worden ist, begeht
Ehebruch.

Matthäus 5,27–32

Wer kann schon überprüfen, was im Herzen vor sich geht? Ob die Gedanken und Gefühle übereinstimmen mit dem, wie Menschen sich nach außen geben? Sein und Schein – wie oft klafft beides auseinander, gerade im Bereich von Ehe und Partnerschaft. Jesus will Ehrlichkeit. »Wer eine Frau nur ansieht, sie zu begehren, der hat in seinem Herzen schon die Ehe gebrochen.«

Eine Scheidung war zur Zeit Jesu relativ schnell geschehen, es brauchte gar keinen richtigen Grund dafür. Der Mann stellte der Frau einen Scheidebrief aus, und das war's dann. Sie musste zurückgehen zu ihrer Familie. Auch bei uns wird schnell geschieden – in Deutschland fast jede zweite Ehe. Doch ist es auch innerlich so schnell vorbei? Oft sind Trennungen mit viel Leid verbunden, mit Verletzungen und Kummer, besonders für die Kinder, die sich zwischen den Eltern hin- und hergerissen fühlen.

Damit eine Partnerschaft gelingen kann, muss Vertrauen da sein. Ehrlichkeit und Treue sind Voraussetzungen dafür, dass das Miteinander gelingt. Jesus nimmt das sehr ernst. Er sagt, dass es sich lohnt, seine Ehe, seine Partnerschaft auch vor sich selbst zu verteidigen und das Vertrauen nicht zu zerstören, auch wenn das nicht immer leichtfällt. »Wenn dich dein rechtes Auge oder deine rechte Hand zum Abfall verführt, haue sie ab.« Natürlich meint Jesus das nicht wörtlich, doch er macht damit deutlich, dass es ein wertvolles Gut ist, wenn Menschen in der Ehe und Familie füreinander Verantwortung übernehmen.

Manchmal kostet es schon etwas, dieses Gut der Partnerschaft zu erhalten: immer wieder aufeinander Rücksicht nehmen, aufeinander zugehen, nicht nur das Schöne, sondern auch die Lasten des Lebens gemeinsam tragen, nicht einfach ausbrechen, wenn es schwierig wird, um des anderen willen auch verzichten. Die Ehe ist nicht nur eine Gabe, sondern auch eine Aufgabe – »in guten und in schlechten Tagen«.

ANNEMARIE STEINEBRUNNER

Einer trage des anderen Last, so werdet ihr das Gesetz Christi erfüllen.

Kinder des Zweifels

33 Ihr habt gehört, dass zu den Alten gesagt worden ist: Du
sollst keinen Meineid schwören, und: Du sollst halten, was
du dem Herrn geschworen hast. 34 Ich aber sage euch:
Schwört überhaupt nicht, weder beim Himmel, denn er ist
Gottes Thron, 35 noch bei der Erde, denn sie ist der Sche-
mel für seine Füße, noch bei Jerusalem, denn es ist die Stadt
des großen Königs. 36 Auch bei deinem Haupt sollst du
nicht schwören; denn du kannst kein einziges Haar weiß
oder schwarz machen. 37 Euer Ja sei ein Ja, euer Nein ein
Nein; alles andere stammt vom Bösen.

Matthäus 5,33–37

Schwur und Eid haben stets die Aufgabe, einer Aussage eine besondere Glaubwürdigkeit zu verleihen. Sie sollen unter Androhung einer Strafe (vom Entzug der Freundschaft bis hin zur Freiheitsstrafe) die Möglichkeit vermindern, dass die Unwahrheit gesagt wird. Denn nicht nur vor Gericht brauchen wir häufig die Gewissheit, dass die Worte anderer aufrichtig und wahrhaft sind. Wir sind darauf angewiesen, ihnen Glauben schenken zu können, ihnen zu vertrauen, sollen unsere Entscheidungen und Handlungen richtig ausfallen. Weil in jeder menschlichen Aussage die Gefahr liegt, dass einer die Unwahrheit sagt, gibt es Schwur und Eid, um besonders wichtige Aussagen auf diese Weise abzusichern. Schwur und Eid sind also Kinder des Zweifels.

»Eure Rede aber sei: Ja, ja; nein, nein.« Jesus deckt hier mit wenigen Worten solche Hintergründe des Misstrauens und der Ungewissheit schonungslos auf. Nicht nur deshalb, weil in Politik, Wirtschaft und Gesellschaft Lügen an der Tagesordnung zu sein scheinen, wie zahlreiche Enthüllungen auch in der jüngsten Geschichte uns deutlich machen, sondern auch deshalb, weil die kleinen Schwindeleien und die sogenannten »Notlügen« allgemein toleriert, ja zuweilen sogar gutgeheißen werden, wird Glaubwürdigkeit vom Zweifel verdrängt.

Jesus entzieht uns das Recht, Gott für jenen Kreislauf des Misstrauens zu missbrauchen. »So wahr mir Gott helfe« ist in diesem Zusammenhang eine unzulässige Berufung auf Gottes Beistand, und zwar unabhängig davon, ob der, der den Eid leistet, an Gott glaubt oder nicht.

Stattdessen nimmt Jesus jeden Einzelnen von uns in die Verantwortung. »Lasst kein faules Geschwätz aus eurem Mund gehen, sondern redet, was gut ist, was erbaut und was notwendig ist, damit es Segen bringe denen, die es hören« (Eph 4,29).

Nur dann, wenn die Wahrheit sich nicht irgendwo in Grauzonen und undurchschaubaren Differenzierungen verliert, nur dann, wenn wir uns nicht winden in Begriffen und unsere wahren Absichten und Gedanken mithilfe der Sprache verschleiern, können wir untereinander, auch ohne Schwur und Eid, Vertrauen gewinnen in die Aufrichtigkeit der Worte (und Handlungen) – nicht nur vor Gericht.

STEFAN ALSENZ

Herr, gib mir die richtigen Worte zur rechten Zeit. Lass mich erkennen, welch zerstörende Kraft von der Unwahrheit ausgeht. Gib mir den Mut und die Stärke zur Aufrichtigkeit und Wahrheit.

Der dritte Weg Jesu

38 Ihr habt gehört, dass gesagt worden ist: Auge für Auge
und Zahn für Zahn. 39 Ich aber sage euch: Leistet dem, der
euch etwas Böses antut, keinen Widerstand, sondern wenn
dich einer auf die rechte Wange schlägt, dann halt ihm auch
die andere hin. 40 Und wenn dich einer vor Gericht bringen
will, um dir das Hemd wegzunehmen, dann lass ihm auch
den Mantel. 41 Und wenn dich einer zwingen will, eine
Meile mit ihm zu gehen, dann geh zwei mit ihm. 42 Wer dich
bittet, dem gib, und wer von dir borgen will, den weise nicht
ab.

43 Ihr habt gehört, dass gesagt worden ist: Du sollst dei-
nen Nächsten lieben und deinen Feind hassen. 44 Ich aber
sage euch: Liebt eure Feinde und betet für die, die euch ver-
folgen, 45 damit ihr Söhne eures Vaters im Himmel werdet;
denn er lässt seine Sonne aufgehen über Bösen und Guten,
und er lässt regnen über Gerechte und Ungerechte. 46 Wenn
ihr nämlich nur die liebt, die euch lieben, welchen Lohn
könnt ihr dafür erwarten? Tun das nicht auch die Zöllner?
47 Und wenn ihr nur eure Brüder grüßt, was tut ihr damit
Besonderes? Tun das nicht auch die Heiden? 48 Ihr sollt also
vollkommen sein, wie es auch euer himmlischer Vater ist.

Matthäus 5,38–48

Auf Gewalt nicht mit Gegengewalt antworten. Den Teufelskreis durchbrechen. Und sich trotzdem nicht alles gefallen lassen! Wie das gehen kann, beschreibt Jesus in drei Beispielen. Um sie zu verstehen, müssen wir uns in seine Zeit hineindenken. Jesus spricht zu kleinen Leuten, zu Handwerkern, Fischern, Tagelöhnern, zu Knechten und Mägden. Die meisten dieser Menschen wussten, wie es sich anfühlt, ungerecht behandelt zu werden. Ihnen macht Jesus drei völlig überraschende Vorschläge.

Das erste Beispiel. Du bekommst eine Ohrfeige? Wie üblich mit dem Handrücken der rechten Hand auf die rechte Backe? So schlägt man Sklaven. Jesu Rat: Halte auch die linke Backe hin! Mit so einer Geste zeigst du: Ich habe auch meine Würde. Wenn der andere dann noch mal zuschlagen will, muss er dich wie einen Gleichwertigen schlagen. Denke daran, du bist gleichwertig, denn du bist ein Kind Gottes! Auch im zweiten und dritten Beispiel rät Jesus zu völlig ungewöhnlichem Tun: Wenn du so arm bist, dass du dir Geld leihen musst, dann darf dich der andere nicht zwingen, deinen einzigen Mantel als Pfand dazulassen. Wenn er es doch tut, dann ziehe noch dein Unterkleid aus! Dann steht der andere beschämt da, nicht du! Und wenn dich einer der römischen Soldaten zwingt, ihm eine Meile das Gepäck zu tragen, trage es ihm am besten gleich zwei Meilen lang!

Ich stelle mir vor, wie verblüfft die Zuhörer auf diese Ratschläge reagiert haben. Der Grundgedanke: Wer Unrecht erleidet, soll sich nicht mit Gegengewalt wehren, muss sich aber auch nicht alles gefallen lassen. Mit Witz, Mut und Fantasie kann der Gegner, der Feind zum Nachdenken gebracht werden, vielleicht sogar zur Umkehr. Wir leben heute in völlig anderen Umständen. Dennoch können uns diese Beispiele helfen zu verstehen, was der amerikanische Theologe Walter Wink den »dritten Weg Jesu« nennt. Weder durch Passivität noch durch Gewalt kann Unrecht überwunden werden, nur durch konkrete Feindesliebe. Sie zeigt sich in aktivem, gewaltfreiem Handeln.

KAREN HINRICHS

Hilf uns, Herr, Böses mit Gutem zu überwinden und Konflikte ohne Gewalt zu lösen.

Frei werden zum Geben

1 Hütet euch, eure Gerechtigkeit vor den Menschen zur
Schau zu stellen; sonst habt ihr keinen Lohn von eurem Va-
ter im Himmel zu erwarten. 2 Wenn du Almosen gibst, lass
es also nicht vor dir herposaunen, wie es die Heuchler in den
Synagogen und auf den Gassen tun, um von den Leuten ge-
lobt zu werden. Amen, das sage ich euch: Sie haben ihren
Lohn bereits erhalten. 3 Wenn du Almosen gibst, soll deine
linke Hand nicht wissen, was deine rechte tut. 4 Dein Almo-
sen soll verborgen bleiben und dein Vater, der auch das Ver-
borgene sieht, wird es dir vergelten.

Matthäus 6,1–4

Echte Frömmigkeit zeigt sich in konkreten Taten. So gehört für Jesus zur Frömmigkeit auch ein offener Geldbeutel, um helfen zu können. Aber entscheidend ist nicht nur, *dass* wir geben, sondern *wie* wir geben.

Ganz schnell verbindet sich mit einer guten Tat die Absicht, von den Leuten dafür bewundert und gewürdigt zu werden. Das merkt man spätestens dann, wenn bei einer Dankesrede ein Name vergessen wird. Welche Bitterkeit hat das bei Nicht-Genannten schon ausgelöst. Bei uns ist es nicht mehr wie zur Zeit Jesu üblich, dass eine große Spende mit Posaunensignal im Gottesdienst angekündigt wird oder dass ein Bläser vor dem Spender auf dem Weg zur Synagoge hergeht, wo er die Spende abgeben will. Wir haben diesen Brauch durch andere Formen von Imponiergehabe ersetzt. Dazu gehört auch eine beiläufige Bemerkung, mit der eine gute Tat vor anderen auffällig gemacht wird. Jesus warnt: Durch diese Suche nach Bestätigung wird unser Tun entwertet und zur Heuchelei. Denn darin zeigt sich, dass wir uns zwar allen Ernstes einbilden, um des Nächsten und um Gottes willen barmherzig zu sein, in Wirklichkeit aber wollen wir uns nur gut dabei vorkommen. Gott möchte von diesem fromm getarnten Egoismus befreien. Wer sein Herz bei ihm hat, der lässt die linke Hand nicht wissen, was die rechte Hand tut.

Im hebräischen Denken ist die rechte Seite im Menschen die aktive, handelnde Seite. Die linke Seite ist die der Gefühle, des Denkens und auch des Gedächtnisses. Die guten Taten der rechten Hand werden also unser Gefühl nicht bewegen, wir werden uns nicht gut durch sie vorkommen oder stolz auf sie sein. Wir werden die guten Taten nicht einmal im Gedächtnis festhalten, geschweige denn über sie sprechen. Sondern sie werden, wenn sie getan sind, schon vergessen sein. Es fällt nicht schwer zu entdecken, dass wir von dieser Freiheit noch weit entfernt sind, weil unser Herz mehr bei uns selbst als bei Gott ist.

ANNEGRET MAURER

Herr, mein Gott, selbst in meinen guten Taten steckt viel Selbstsucht. Erbarme dich meiner und reinige mein Herz, dass ich allein dich suche und ehre.

In guten und in bösen Tagen

5 Wenn ihr betet, macht es nicht wie die Heuchler. Sie stel-
len sich beim Gebet gern in die Synagogen und an die Stra-
ßenecken, damit sie von den Leuten gesehen werden. Amen,
das sage ich euch: Sie haben ihren Lohn bereits erhalten.
6 Du aber geh in deine Kammer, wenn du betest, und schließ
die Tür zu; dann bete zu deinem Vater, der im Verborgenen
ist. Dein Vater, der auch das Verborgene sieht, wird es dir
vergelten. 7 Wenn ihr betet, sollt ihr nicht plappern wie die
Heiden, die meinen, sie werden nur erhört, wenn sie viele
Worte machen. 8 Macht es nicht wie sie; denn euer Vater
weiß, was ihr braucht, noch ehe ihr ihn bittet. 9 So sollt ihr
beten: Unser Vater im Himmel, /
dein Name werde geheiligt,
10 dein Reich komme, /
dein Wille geschehe /
wie im Himmel, so auf der Erde.
11 Gib uns heute das Brot, das wir brauchen.
12 Und erlass uns unsere Schulden, /
wie auch wir sie unseren Schuldnern erlassen haben.
13 Und führe uns nicht in Versuchung, /
sondern rette uns vor dem Bösen.
14 Denn wenn ihr den Menschen ihre Verfehlungen ver-
gebt, dann wird euer himmlischer Vater auch euch vergeben.
15 Wenn ihr aber den Menschen nicht vergebt, dann wird
euch euer Vater eure Verfehlungen auch nicht vergeben.

Matthäus 6,5–15

Wie oft habe ich als Gemeindepfarrerin erlebt, dass jemand nur noch diese Worte beten konnte. Die Neunzigjährige, die im Sterben liegt und seit Wochen kein verständliches Wort mehr gesprochen hat, stimmt plötzlich ein in dieses Gebet. Der junge Vater aus Kasachstan, der fast kein Deutsch kann, spricht es auswendig bei der Taufe seines Kindes. Und wundert sich selbst, dass er es noch kennt. Vor so vielen Jahren hat es ihm die Großmutter beigebracht. »Die wusste noch etwas von Gott«, sagt er. So kommen wir ins Gespräch.

Im Gottesdienst leite ich von den Fürbitten gern zum Vaterunser über mit den Worten »…und alles, was uns persönlich am Herzen liegt, legen wir hinein in die Worte, die Jesus uns gelehrt hat …«. Ich stelle mir dieses wunderbare Gebet manchmal bildlich vor. Für mich ist es wie ein uraltes, großes Gefäß, das oben offen ist. Alle menschlichen Anliegen, große und kleine Bitten, alltägliche und besondere Sorgen finden darin Platz. Mein kleines Leben und das Leid der ganzen Erde. Gott, der unsere Gedanken von ferne versteht, wie es in Psalm 139 heißt, kann alles verstehen, was wir in diese Worte hineindenken. Auch die unausgesprochenen, die nur halb gedachten und schlecht formulierten Bitten versteht Gott. Wenn uns die eigenen Worte fehlen, dann ist im Vaterunser alles eingeschlossen, was unser Herz bewegt. In den Stunden größter Not und Angst können wir es sprechen. Und ebenso, wenn wir sehr glücklich sind. So ist das Vaterunser ein Gebet für das ganze Leben. In guten und in bösen Tagen hilft es, sich mit diesen Worten an Gott zu wenden. In allen Lebenslagen passt es. Und es verbindet uns als Schwestern und Brüder in Christus über alle Generationen hinweg. Seit zweitausend Jahren verbindet es uns, wie kein anderes Gebet, in allen Ländern, Kirchen und Gemeinschaften.

KAREN HINRICHS

Herr Jesus Christus, hab Dank für dieses Gebet.
Hilf uns, es der nächsten Generation ins Herz zu legen.

Reden ist Silber …?

16 Wenn ihr fastet, macht kein finsteres Gesicht wie die
Heuchler. Sie geben sich ein trübseliges Aussehen, damit die
Leute merken, dass sie fasten. Amen, das sage ich euch: Sie
haben ihren Lohn bereits erhalten. 17 Du aber salbe dein
Haar, wenn du fastest, und wasche dein Gesicht, 18 damit
die Leute nicht merken, dass du fastest, sondern nur dein Vater, der auch das Verborgene sieht; und dein Vater, der das Verborgene sieht, wird es dir vergelten.

Matthäus 6,16–18

Gelegentliches Fasten ist fast so etwas wie in Mode gekommen, hat allerdings in aller Regel keine religiösen Gründe mehr. Menschen haben erkannt, dass es guttut, für eine begrenzte Zeit auf etwas zu verzichten, zum Beispiel um der Gesundheit willen oder auch, um sich anschließend umso mehr freuen zu können. Ursprünglich sollte durch das Fasten das Wohlwollen Gottes erlangt werden, dagegen wandten sich die Reformatoren des 16. Jahrhunderts, ohne das Fasten deswegen gänzlich abzuschaffen.

Jesus wendet sich hier gegen Menschen, die äußerlich deutlich sichtbar zur Schau tragen, dass sie fasten, und entsprechend leidend daherkommen. Vergleichbar vielleicht denen, die Gutes nur dann tun, wenn es auch von vielen gesehen und öffentlich gewürdigt wird.

In einer Zitatensammlung fand ich zwei widersprüchliche Aussagen: »Tue Gutes und rede nicht darüber« und ebenso: »Tue Gutes und rede darüber.« In beiden Aussagen finde ich Wahrheit. Menschen, die sich mit ihren guten Taten brüsten, wirken unangenehm und aufdringlich; es kommen berechtigte Zweifel auf, ob es ihnen tatsächlich darum geht, Gutes zu tun, oder ob sie gelobt, gesehen und bewundert werden möchten. Andererseits können Menschen, die anderen helfen, Vorbilder sein und dazu anregen, selbst aktiv zu werden.

Der heutige Bibeltext bringt mich zum Nachsinnen: Warum bin ich ehrenamtlich tätig, warum engagiere ich mich für andere, wie ergeht es mir dabei? Freue ich mich, wenn mein Tun erfolgreich ist, oder lasse ich mich bedauern, weil ich so viel auf mich nehme?

Vielleicht gelingt ja auch immer mal wieder, worum es im Grunde geht: Nicht (nur) über Gutes reden, sondern Gutes bewirken.

URSULA MECKEL

Gott, lass mich fröhlich meine Arbeit tun, sodass andere merken, wie gern ich dabei bin. Lass mich uneigennützig Hilfe geben und dankbar Hilfe annehmen, wenn ich sie nötig habe.

Du meine Seele, singe,
wohlauf und singe schön
dem, welchem alle Dinge
zu Dienst und Willen stehn.
Ich will den Herren droben
hier preisen auf der Erd;
ich will Ihn herzlich loben,
solang ich leben werd.

Paul Gerhardt, 1653

Reichtum des Lebens

19 Sammelt euch nicht Schätze hier auf der Erde, wo Motte
und Wurm sie zerstören und wo Diebe einbrechen und sie
stehlen, **20** sondern sammelt euch Schätze im Himmel, wo
weder Motte noch Wurm sie zerstören und keine Diebe ein-
brechen und sie stehlen. **21** Denn wo dein Schatz ist, da ist
auch dein Herz. **22** Das Auge gibt dem Körper Licht. Wenn
dein Auge gesund ist, dann wird dein ganzer Körper hell
sein. **23** Wenn aber dein Auge krank ist, dann wird dein gan-
zer Körper finster sein. Wenn nun das Licht in dir Finsternis
ist, wie groß muss dann die Finsternis sein! **24** Niemand
kann zwei Herren dienen; er wird entweder den einen has-
sen und den andern lieben oder er wird zu dem einen halten
und den andern verachten. Ihr könnt nicht beiden dienen,
Gott und dem Mammon.

Matthäus 6,19–24

Etwas auf die hohe Kante legen, Altersvorsorge betreiben, sich mit schönen, vielleicht sogar kostbaren Dingen umgeben, ist das verwerflich? Sind Besitz und Vermögen in den Augen Jesu ein Ärgernis? Hat er mit seinen Jüngern nicht oftmals gerade in den Häusern der Reichen am Tisch gesessen? Solche Überlegungen gehen am Kern der Lehre, die Jesus erteilt, vorbei. Der Mensch soll und muss für seinen Lebensunterhalt arbeiten. Er darf die Früchte seiner Arbeit genießen und sich an ihnen freuen. Er darf auch für Notzeiten vorsorgen.

Doch dann kommt Jesu großes Aber: Ein Mensch, der sein Herz an die Reichtümer dieser Welt hängt und Schätze ansammelt, um sich gegen alle Fährnisse des Lebens abzusichern, wird zum Sklaven seiner weltlichen Bedürfnisse. Er läuft Gefahr, das Heil seines Lebens zu verspielen. Im Gleichnis vom Kornbauern hat uns Jesus die Konsequenz eines solchen Verhaltens sehr drastisch vor Augen geführt. Alles, was wir an Wohlergehen auf dieser Welt empfangen, ist nur geliehene Gabe. Sie verpflichtet uns zur Dankbarkeit gegenüber Gott und zur Hilfe für unseren bedürftigen Nächsten. Wer um die Vergänglichkeit alles Irdischen weiß und seine Lebenshoffnung auf die Barmherzigkeit Gottes richtet und danach zu leben versucht, schützt Herz und Seele vor den Gefahren des Reichtums.

Menschen, die sich diese innere Freiheit gegenüber Geld und Gut bewahren, neiden auch anderen nicht ihr Wohlergehen. Die Gier nach Mehrung ihres Besitzes trübt ihnen nicht den Blick für die Nöte und Bedürfnisse ihrer Mitmenschen und für die Anforderungen, die Gott an ihr Leben und sie selbst stellt. So wissen sie das Wesentliche vom Unwesentlichen zu unterscheiden. Sie bewahren sich die Unabhängigkeit von Macht, Ehren und Reichtümern dieser Welt. Ihr Reichtum liegt in ihrem Gottvertrauen und dem Wissen um die Nähe Jesu Christi in den Freuden und Nöten unseres Lebens. Dieses Urvertrauen schenkt der Seele Geborgenheit und Frieden, macht sie heil und spiegelt sich in Augen und Leben des Menschen wider.

INGEBORG SCHIELE

Ich bitte Gott, dass er euch Kraft gebe nach dem Reichtum seiner Herrlichkeit, stark zu werden durch seinen Geist an dem inwendigen Menschen.

Sie sind unterversichert!

25 Deswegen sage ich euch: Sorgt euch nicht um euer Leben
und darum, dass ihr etwas zu essen habt, noch um euren Leib
und darum, dass ihr etwas anzuziehen habt. Ist nicht das Le-
ben wichtiger als die Nahrung und der Leib wichtiger als die
Kleidung? **26** Seht euch die Vögel des Himmels an: Sie säen
nicht, sie ernten nicht und sammeln keine Vorräte in Scheu-
nen; euer himmlischer Vater ernährt sie. Seid ihr nicht viel
mehr wert als sie? **27** Wer von euch kann mit all seiner
Sorge sein Leben auch nur um eine kleine Zeitspanne ver-
längern? **28** Und was sorgt ihr euch um eure Kleidung?
Lernt von den Lilien, die auf dem Feld wachsen: Sie arbeiten
nicht und spinnen nicht. **29** Doch ich sage euch: Selbst Sa-
lomo war in all seiner Pracht nicht gekleidet wie eine von
ihnen. **30** Wenn aber Gott schon das Gras so prächtig klei-
det, das heute auf dem Feld steht und morgen ins Feuer ge-
worfen wird, wie viel mehr dann euch, ihr Kleingläubigen!
31 Macht euch also keine Sorgen und fragt nicht: Was sollen
wir essen? Was sollen wir trinken? Was sollen wir anziehen?
32 Denn um all das geht es den Heiden. Euer himmlischer
Vater weiß, dass ihr das alles braucht. **33** Euch aber muss es
zuerst um sein Reich und um seine Gerechtigkeit gehen;
dann wird euch alles andere dazugegeben. **34** Sorgt euch
also nicht um morgen; denn der morgige Tag wird für sich
selbst sorgen. Jeder Tag hat genug eigene Plage.

Matthäus 6,25–34

Alle fünf bis sieben Jahre mahnt uns der Versicherungsvertreter, unsere Versicherungen anzupassen – an den gewachsenen Hausstand, das höhere Versicherungsrisiko, die steigenden Kosten. Und regelmäßig folgen wir dieser Aufforderung – man kann sich ja keine Versicherungslücken leisten! Da ist der heutige Text ein ärgerlicher Stachel im Fleisch. Auf den ersten Blick wirkt er wie ein naives Lehrgedicht mit viel Naturschwärmerei – und jedes verhungerte Kind, jeder AIDS-Kranke sind schlagende Gegenargumente zum »Sorgt euch nicht um euer Leben …«.

Und doch – immer wieder hat es Menschen gegeben, die diesen Text und die ihm vorangehende Warnung vor den Fallstricken des Mammon ernst – wörtlich – genommen haben. Der hl. Franziskus z. B. ließ nicht zu, dass der Küchenbruder die Linsen am Abend vorher einweichte – das war für ihn schon »Vorsorge für den morgigen Tag«. Ebenso radikal war sein ablehnendes Verhältnis zu Geld und Immobilien – heute klassische Mittel der Vorsorge.

Franzens ökonomische Sorglosigkeit aber können und wollen wir uns nicht mehr leisten. Was also will uns privilegierten, überversicherten Menschen dieser Text sagen? Noch so perfektionierte Vorsorge schafft nur scheinbare Sicherheit. In Kriegszeiten und in Zeiten von Inflation haben Menschen immer wieder ihren ganzen Besitz verloren und mussten bei null anfangen. Und Geld allein macht nicht glücklich. Das Glücksempfinden steigt bei zunehmendem Reichtum nicht proportional zum Geldzuwachs. Ständiges Sorgen, Jammern und Absichern machen innerlich unfrei, lähmen die Fantasie, verhindern Kreativität – und das gilt nicht nur für uns als Individuen, sondern auch für unsere Kirchen, denen momentan die Geldsorgen die drückendste Last zu sein scheinen. Wir können nicht alles im Voraus regeln. Vertrauen heißt, etwas aus der Hand zu geben und sich beschenken zu lassen. Eberhard Jüngel hat einmal beeindruckend definiert: »Sünde ist sich nicht beschenken zu lassen.« Seien wir großzügig auch uns selbst gegenüber und lassen wir uns beschenken.

IRIS BOSOLD

Erfreue mich wieder mit deiner Hilfe,
und mit einem willigen Geist rüste mich aus.

Sehstörungen des Glaubens

1 Richtet nicht, damit ihr nicht gerichtet werdet! 2 Denn
wie ihr richtet, so werdet ihr gerichtet werden, und nach dem
Maß, mit dem ihr messt und zuteilt, wird euch zugeteilt wer-
den. 3 Warum siehst du den Splitter im Auge deines Bru-
ders, aber den Balken in deinem Auge bemerkst du nicht?
4 Wie kannst du zu deinem Bruder sagen: Lass mich den
Splitter aus deinem Auge herausziehen! – und dabei steckt in
deinem Auge ein Balken? 5 Du Heuchler! Zieh zuerst den
Balken aus deinem Auge, dann kannst du versuchen, den
Splitter aus dem Auge deines Bruders herauszuziehen.
6 Gebt das Heilige nicht den Hunden und werft eure Per-
len nicht den Schweinen vor, denn sie könnten sie mit ihren
Füßen zertreten und sich umwenden und euch zerreißen.

Matthäus 7,1–6

Es steckt in uns allen drin, andere zu richten. Wir sitzen über die Ehe des Nachbarn zu Gericht, über die ach so schlecht erzogene Tochter einer anderen Familie und über den jungen Arbeitskollegen, der nichts kann und aus dem nie etwas werden wird. Da sind wir rasch bei der Sache und häufig gerät unser Urteil über andere zum Vorurteil, das gleichzeitig verurteilt.

Jesu Gegenvorschlag in dieser Situation heißt: Schaut erst einmal auf euch selbst. Kann es sein, dass ihr da schlechte Augen, ja sogar einen Sehfehler habt? Wieso seht ihr nur den Splitter im Auge des anderen und nicht den Balken bei euch selbst?

Es gehört zu den Sehstörungen des Glaubens, dass man sich selbst schwer erkennt, aber bei anderen ungeheuer viel sieht. Es ist, als würden wir, wenn es um andere Menschen geht, das Fernglas mit der 20- oder 50-fachen Vergrößerung nehmen, um alles nur ja recht genau zu sehen. Und wenn es dann um uns selbst geht, drehen wir das Fernglas einfach um. Da sieht man alles ganz winzig klein und weit, weit weg. Richtgeist und Blindheit für eigene Schuld sind typisch menschliche Probleme. Deshalb spricht Jesus uns darauf hin an. Er will nicht, dass es so bleibt unter denen, die zu ihm gehören. Er will nicht, dass wir mit unseren selbstbestimmten Maßstäben richten, sondern vielmehr, dass wir uns mühen, den anderen zu verstehen. Dass wir nach ihm und den Ursachen seines So-Seins fragen und uns nicht für alle Zeiten mit unserem Urteil festlegen.

Jesus wirbt damit um die Offenheit, die Vertrauen möglich macht. Wer das Vertrauen wählt, begibt sich auf einen mühevollen Weg mit seinem Nächsten. Aber er hat auf diesem Weg einen Dritten bei sich: Jesus Christus. Und an seiner Seite, unter seiner Barmherzigkeit, werden wir von unseren Sehstörungen geheilt.

KERSTIN VOIGT

Herr, du weißt, wie wir oft unbewusst und voreilig unser Urteil über andere fällen und damit Unrecht tun. Wir richten viel und vergeben wenig, obwohl du mit uns das Gegenteil tust. Hilf uns, einander in Liebe die Wahrheit zu sagen und Barmherzigkeit walten zu lassen.

Offene Türen

7 Bittet, dann wird euch gegeben; sucht, dann werdet ihr fin-
den; klopft an, dann wird euch geöffnet. **8** Denn wer bittet,
der empfängt; wer sucht, der findet; und wer anklopft, dem
wird geöffnet. **9** Oder ist einer unter euch, der seinem Sohn
einen Stein gibt, wenn er um Brot bittet, **10** oder eine
Schlange, wenn er um einen Fisch bittet? **11** Wenn nun schon
ihr, die ihr böse seid, euren Kindern gebt, was gut ist, wie viel
mehr wird euer Vater im Himmel denen Gutes geben, die ihn
bitten.

Matthäus 7,7–11

Schon oft habe ich gedacht: Schön wäre es, ich könnte eine Bitte aussprechen und sie würde sich sofort erfüllen. Ein Klopfen an der Tür, und sie würde mir geöffnet werden. Aber diese biblische Zusage entspricht nicht meiner Erfahrung, nicht auf den ersten Blick. Wie oft habe ich gebetet, und meine Bitten sind nicht erhört worden, und wie oft habe ich angeklopft bei einem Menschen an seiner Tür oder an sein Herz, und mir ist nicht geöffnet worden.

Und dennoch lege ich diese Zusage nicht einfach beiseite. Ich möchte auch meine Erwartung kritisch hinterfragen. Ich stelle mir vor, jedem Menschen würde jede Bitte erfüllt werden. Wie viele Bitten würden sich wohl widersprechen im Großen wie im Kleinen? Nein, jede Bitte eines jeden Menschen auf dieser Erde muss in einen großen Weltenplan hineinpassen. Ich glaube an einen Gott, der einen weiteren Blick hat und ein größeres Herz hat, als ich das allein ermessen kann, und ich möchte meine Bitten aussprechen in dem Bewusstsein, dass mein Gott sie abwägt. Ich erhoffe mir Antwort, aber ich möchte das Vertrauen aufbringen, dass die Antwort mir zum Guten wird, auch wenn ich sie mir anders gedacht habe.

Am besten kann ich damit leben, wenn ich die Bitte ausspreche, die Jesus im Vaterunser für uns formuliert hat, dass alle Bitten aufgehoben sind in dieser einen Bitte »dein Reich komme«. Und sosehr ich es mir wünschen würde, dass jede Tür sich öffnet, so möchte ich auch den Respekt lernen vor einem Menschen, der sie mir verschlossen hält. Und dennoch möchte ich glauben und mich halten an einen Gott, der, wo immer ich die Erfahrung mache, dass eine Tür mir verschlossen bleibt, die seine für mich geöffnet hält. Am Ende weiß ich, dass bei aller Unzulänglichkeit, die wir Menschen in den Begegnungen füreinander und miteinander an den Tag legen, in jedem neuen Versuch, eine Bitte zu formulieren oder sie zu erfüllen, bei einem Menschen anzuklopfen oder ihm zu öffnen, es jeweils der Versuch ist, dem nachzugehen und dem nachzuspüren, der jede Bitte in sein Reich einordnen möchte und seine Tür stets offen hält, Gott der Vater, von dem ich lerne, offen zu sein.

MICHAEL H. F. BROCK

Guter Gott und Vater, all meine Bitten münden
in die große Bitte deines Sohnes: Weil du heilig bist,
möge dein Heil auch wirksam werden für unsere Welt,
dein Reich komme, jetzt und in Ewigkeit.

Jesu Botschaft: Herausforderung und Zusage

12 Alles, was ihr also von anderen erwartet, das tut auch ih-
nen! Darin besteht das Gesetz und die Propheten.
13 Geht durch das enge Tor! Denn das Tor ist weit, das ins
Verderben führt, und der Weg dahin ist breit und viele gehen
auf ihm. 14 Aber das Tor, das zum Leben führt, ist eng und
der Weg dahin ist schmal und nur wenige finden ihn.
15 Hütet euch vor den falschen Propheten; sie kommen
zu euch wie (harmlose) Schafe, in Wirklichkeit aber sind sie
reißende Wölfe. 16 An ihren Früchten werdet ihr sie erken-
nen. Erntet man etwa von Dornen Trauben oder von Disteln
Feigen? 17 Jeder gute Baum bringt gute Früchte hervor, ein
schlechter Baum aber schlechte. 18 Ein guter Baum kann
keine schlechten Früchte hervorbringen und ein schlechter
Baum keine guten. 19 Jeder Baum, der keine guten Früchte
hervorbringt, wird umgehauen und ins Feuer geworfen.
20 An ihren Früchten also werdet ihr sie erkennen. 21 Nicht
jeder, der zu mir sagt: Herr! Herr!, wird in das Himmelreich
kommen, sondern nur, wer den Willen meines Vaters im
Himmel erfüllt. 22 Viele werden an jenem Tag zu mir sagen:
Herr, Herr, sind wir nicht in deinem Namen als Propheten
aufgetreten und haben wir nicht mit deinem Namen Dämo-
nen ausgetrieben und mit deinem Namen viele Wunder voll-
bracht? 23 Dann werde ich ihnen antworten: Ich kenne
euch nicht. Weg von mir, ihr Übertreter des Gesetzes!

Matthäus 7,12–23

Wenn wir die Bergpredigt als eine Art »Grundsatzprogramm« Jesu ansehen, so sind in diesem Abschnitt noch einmal die wichtigsten Punkte dieses Programms angesprochen:

- »Geht ein durch die enge Pforte«: Nachfolge Jesu bedeutet nicht, gemütlich in großer Gesellschaft auf einer breiten Flaniermeile zu spazieren. Was Jesus fordert, ist einfach im Anspruch, aber keinesfalls einfach in der praktischen Ausführung.
- »An ihren Früchten sollt ihr sie erkennen«: Wer Jesus nachfolgt, muss ein kritisches Urteilsvermögen entwickeln, und zwar sowohl sich selbst als auch anderen gegenüber. Das Wahre muss vom Unwahren, das Gute vom Schlechten (Faulen) unterschieden werden.
- »Es werden nicht alle, die zu mir sagen …« – nicht die ausgefeilten Glaubensbekenntnisse entscheiden über unsere Nähe zu Gott, sondern unsere praktische Bereitschaft, jederzeit auf Gott zu hören.

Es ist für unsere Ohren erschreckend, mit welcher Deutlichkeit Jesus hier betont, welche Herausforderung darin liegt, zu einem Menschen zu werden, der zum Reich Gottes gehört und in diesem Reich mitwirkt. Was Jesus verlangt, bleibt eine lebenslange Herausforderung, die unserem Leben ein Ziel und unserem Glauben Tiefgang gibt.

Diese Herausforderung darf nicht mit einer Höchstleistung aus eigener Kraft verwechselt werden – das würde nur zu Verkrampftheit, frommem Ehrgeiz und im Gefolge dessen zu Unaufrichtigkeit und Heuchelei führen. Was uns Mut und Kraft gibt, ist die Gewissheit, dass Jesus selbst uns vorausgeht, dass er uns nie alleinlässt und dass er uns versprochen hat, uns mit dem Beistand zu versorgen, den wir benötigen.

Entscheidend in der Nachfolge ist auch nicht das Tempo oder die zurückgelegte Strecke, sondern das Vertrauen und die Hingabe an den, dem wir folgen. Dabei geht Jesus mit jedem von uns seinen eigenen Weg, weshalb wir auch nicht übereinander urteilen sollten.

BEATE WEINGARDT

»Eines schickt sich nicht für alle,
sehe jeder, wie er's treibe,
sehe jeder, wo er bleibe,
und wer steht, dass er nicht falle!«

Wenn nur kein Platzregen kommt über Nacht!

24 Wer diese meine Worte hört und danach handelt, ist wie
ein kluger Mann, der sein Haus auf Fels baute. **25** Als nun
ein Wolkenbruch kam und die Wassermassen heranfluteten,
als die Stürme tobten und an dem Haus rüttelten, da stürzte
es nicht ein; denn es war auf Fels gebaut. **26** Wer aber meine
Worte hört und nicht danach handelt, ist wie ein unvernünf-
tiger Mann, der sein Haus auf Sand baute. **27** Als nun ein
Wolkenbruch kam und die Wassermassen heranfluteten, als
die Stürme tobten und an dem Haus rüttelten, da stürzte es
ein und wurde völlig zerstört.

28 Als Jesus diese Rede beendet hatte, war die Menge
sehr betroffen von seiner Lehre; **29** denn er lehrte sie wie ei-
ner, der (göttliche) Vollmacht hat, und nicht wie ihre Schrift-
gelehrten.

Matthäus 7,24–29

Die Mädchen in Andorra streichen die Hauswände an, in weißer Farbe, wie es am Vorabend zum Fest des heiligen Georg üblich ist. Der Soldat Peider ruft der Lehrerstochter Barblin höhnisch zu: »Weißelt ihr Jungfrauen, weißelt das Haus eurer Väter, auf dass wir ein schneeweißes Andorra haben! Wenn nur kein Platzregen kommt über Nacht …« Diese Szene aus »Andorra« von Max Frisch ist mir seit einer Schüleraufführung vor vielen Jahren sehr eindrücklich. Die Fassade, das Übertünchen und Verleugnen von Einstellungen spielt eine große Rolle – nicht nur in Andorra.

Und es ist schnell klar: Das Weiß-Anstreichen, das Übertünchen von dunklen Stellen hilft nur, solange kein Platzregen kommt. Unsere Selbstgerechtigkeit, eine Menge Vorurteile und die Feigheit, die in uns steckt – Max Frisch führt das eindrucksvoll vor.

Das Bild vom Platzregen, der offensichtlich macht, was tatsächlich Bestand hat, war auch zu biblischer Zeit unmittelbar einleuchtend für Jesu Zuhörer: Es kommt auf das Fundament an, auf das, was auch in stürmischen Zeiten trägt und einem tosenden Regen standhält, nicht auf meine Fassade, die ich anderen und mir selbst gerne zeige. Wir alle möchten doch gute Architekten unseres Lebens sein. Was ist, wenn die Wellen über mir zusammenschlagen, wenn ein Platzregen kommt? Hält dann mein Fundament? Gibt es dann noch etwas, was mir Halt gibt, einen Raum, wo ich mich sicher und geborgen fühlen kann? »Er ist mein Fels, meine Hilfe und mein Schutz, dass ich nicht fallen werde«, bekennt der Psalmbeter in Psalm 62.

Der Schlusssatz unserer Bibelstelle hat es mir besonders angetan – eine Art Autorisierung der gesamten Bergpredigt: »Er lehrte sie mit Vollmacht« (V. 29). Ja, das ist wahr, es steckt unglaublich viel Weisheit in Jesu Worten, sie treffen direkt unser Herz. Ich will mich davon beunruhigen lassen und mich neu diesem Felsen anvertrauen.

CHRISTINE HAAG-MERZ

Barmherziger Gott, ich habe Angst vor dem nächsten Platzregen – ob meine gut versteckte Fassade dann ins Wanken kommt, ob mein Fundament wohl trägt? Bleib du mein Fels, der mich hält, auch wenn es stürmisch wird.

Wer nur den lieben Gott lässt walten
und hoffet auf ihn allezeit,
den wird er wunderbar erhalten
in aller Not und Traurigkeit.
Wer Gott, dem Allerhöchsten, traut,
der hat auf keinen Sand gebaut.

Georg Neumark, 1641

Wachstum!

1 An jenem Tag verließ Jesus das Haus und setzte sich an
das Ufer des Sees. 2 Da versammelte sich eine große Men-
schenmenge um ihn. Er stieg deshalb in ein Boot und setzte
sich; die Leute aber standen am Ufer. 3 Und er sprach
lange zu ihnen in Form von Gleichnissen. Er sagte: Ein Sä-
mann ging aufs Feld, um zu säen. 4 Als er säte, fiel ein Teil
der Körner auf den Weg und die Vögel kamen und fraßen
sie. 5 Ein anderer Teil fiel auf felsigen Boden, wo es nur
wenig Erde gab, und ging sofort auf, weil das Erdreich
nicht tief war; 6 als aber die Sonne hochstieg, wurde die
Saat versengt und verdorrte, weil sie keine Wurzeln hatte.
7 Wieder ein anderer Teil fiel in die Dornen und die Dor-
nen wuchsen und erstickten die Saat. 8 Ein anderer Teil
schließlich fiel auf guten Boden und brachte Frucht, teils
hundertfach, teils sechzigfach, teils dreißigfach. 9 Wer Oh-
ren hat, der höre!

18 Hört also, was das Gleichnis vom Sämann bedeutet.
19 Immer wenn ein Mensch das Wort vom Reich hört und es
nicht versteht, kommt der Böse und nimmt alles weg, was
diesem Menschen ins Herz gesät wurde; hier ist der Samen
auf den Weg gefallen. 20 Auf felsigen Boden ist der Samen
bei dem gefallen, der das Wort hört und sofort freudig auf-
nimmt, 21 aber keine Wurzeln hat, sondern unbeständig ist;
sobald er um des Wortes willen bedrängt oder verfolgt wird,
kommt er zu Fall. 22 In die Dornen ist der Samen bei dem
gefallen, der das Wort zwar hört, aber dann ersticken es die
Sorgen dieser Welt und der trügerische Reichtum, und es
bringt keine Frucht. 23 Auf guten Boden ist der Samen bei

dem gesät, der das Wort hört und es auch versteht; er bringt dann Frucht, hundertfach oder sechzigfach oder dreißigfach.

Matthäus 13,1–9.18–23

Das Wachstum der Aussaat zur Reife der Frucht ist ein komplexer Prozess, der von vielen verschiedenen Bedingungen abhängt und in keiner Phase seiner Entwicklung vom Sämann allein beherrscht und gesteuert werden kann. Umweltbedingungen, wie vor allem Qualität des Saatgutes, Bodenbeschaffenheit und Klima sind für den Wachstumsprozess von schicksalhafter Bedeutung und können nur selten oder nur bis zu einem gewissen Grad vom Sämann positiv verändert werden. Eine recht große Menge der Aussaat geht verloren und verdirbt, viele Samenkörner haben keine Chance; darunter gibt es aber auch den Teil der Saatkörner, der Frucht bringt, mehr oder weniger.

Der mögliche und tatsächliche Misserfolg, die entmutigende Erfahrung des »Umsonst!« und das frustrierende Erlebnis »Es bringt nichts!« werden von Jesu Gleichnisrede weder verschwiegen noch schöngeredet. Es gibt auch im Reich Gottes nicht den hundertprozentigen Erfolg, und es wird auch bei noch so gut gemeinter Evangelisierung nicht alles gelingen können. Hier wird aufgeräumt mit der Devise der Erfolgsmenschen, für die alles machbar und okay ist, wenn man nur will. Weder der Verkündiger Jesus noch die junge missionierende Kirche hatten einen flächendeckenden Erfolg gehabt. Ihre Erfahrung war: Du musst vertrauens- und kraftvoll viel und immer wieder neu aussäen, und einiges davon wird dann auch auf guten Boden fallen und Frucht bringen, »teils hundertfach, teils sechzigfach, teils dreißigfach« (V. 9) Jedenfalls werden der unfruchtbare Boden oder das schlechte Klima durch attraktivere Werbung und geschicktere Methoden des Sämanns nicht besser. Allerdings darf man von ihm verlangen, dass er mit ganzem Herzen bei seiner Sache ist und im Vertrauen auf Gott reichlich und großzügig aussät, ohne verbissen und mutlos zu werden oder verstohlen auf den Erfolg zu schielen. Dann braucht es nur noch das aufnahmebereite und fruchtbare Erdreich, damit der Same des Wortes Gottes sich in den Herzen der Menschen festsetzen und Wurzeln schlagen kann. Und wenn dann noch gedeihliches Klima und günstige Umweltbedingungen dazukommen, dann mag es sein, dass der Herr der Ernte wachsen lässt und die Samen Frucht bringen.

AXEL MEHLMANN

Gott, dein Sohn ist das Weizenkorn, das für mich starb.
Aus seiner Hingabe darf ich leben. Nimm mir die Angst,
für andere verbraucht zu werden. Gib mir den Mut,
mich selbst auszusäen. Lass mein Leben von dir
gesegnet sein und Frucht tragen.

Anrede will Antwort

24 Und Jesus erzählte ihnen noch ein anderes Gleichnis: Mit
dem Himmelreich ist es wie mit einem Mann, der guten Sa-
men auf seinen Acker säte. 25 Während nun die Leute
schliefen, kam sein Feind, säte Unkraut unter den Weizen
und ging wieder weg. 26 Als die Saat aufging und sich die
Ähren bildeten, kam auch das Unkraut zum Vorschein.
27 Da gingen die Knechte zu dem Gutsherrn und sagten:
Herr, hast du nicht guten Samen auf deinen Acker gesät?
Woher kommt dann das Unkraut? 28 Er antwortete: Das
hat ein Feind von mir getan. Da sagten die Knechte zu ihm:
Sollen wir gehen und es ausreißen? 29 Er entgegnete: Nein,
sonst reißt ihr zusammen mit dem Unkraut auch den Weizen
aus. 30 Lasst beides wachsen bis zur Ernte. Wenn dann die
Zeit der Ernte da ist, werde ich den Arbeitern sagen: Sam-
melt zuerst das Unkraut und bindet es in Bündel, um es zu
verbrennen; den Weizen aber bringt in meine Scheune.

36 Dann verließ er die Menge und ging nach Hause. Und
seine Jünger kamen zu ihm und sagten: Erkläre uns das
Gleichnis vom Unkraut auf dem Acker. 37 Er antwortete:
Der Mann, der den guten Samen sät, ist der Menschensohn;
38 der Acker ist die Welt; der gute Samen, das sind die Söhne
des Reiches; das Unkraut sind die Söhne des Bösen; 39 der
Feind, der es gesät hat, ist der Teufel; die Ernte ist das Ende
der Welt; die Arbeiter bei dieser Ernte sind die Engel.
40 Wie nun das Unkraut aufgesammelt und im Feuer ver-
brannt wird, so wird es auch am Ende der Welt sein: 41 Der
Menschensohn wird seine Engel aussenden und sie werden
aus seinem Reich alle zusammenholen, die andere verführt

und Gottes Gesetz übertreten haben, **42** und werden sie in
den Ofen werfen, in dem das Feuer brennt. Dort werden sie
heulen und mit den Zähnen knirschen. **43** Dann werden die
Gerechten im Reich ihres Vaters wie die Sonne leuchten.
Wer Ohren hat, der höre!

Matthäus 13,24–30.36–43

Richtiges Zuhören ist gefragt. Hören und Handeln wird erwartet. Die Gleichnisse Jesu wollen uns auf einen Weg mitnehmen, der uns den Ernst der Lage in unserem eigenen Leben deutlich macht. Jesus legt ihnen ein anderes Gleichnis vor. Was da berichtet wird, ist widerwärtig. Es wächst genügend Unkraut von allein. Da kommt jemand heimtückisch bei Nacht und sät aus Boshaftigkeit in die aufgehende Saat. Der Feind ist da, will vernichten, überlagern, er will für sich gewinnen. Hier gehen Gleichnis und Deutung ineinander über.

Die Frage ist, wo sind wir? Zuerst dort, wo wir leben: auf dem Acker, der die Welt bedeutet. Da hinein ist das Wort Gottes gesät und das Unkraut. Wir sind mittendrin in der Geschichte, in dem Alltagskram mit Lasten und Freuden, mit Leiden und Glück, mit Enttäuschungen und Erfolgen. Wir sind dabei, beeinflussen, wirken mit, wir prägen und unterlassen, werden beeinflusst und getrieben. Manchmal hören wir nicht richtig zu. Wir müssen es ertragen, dass wir miteinander leben, die Kriegerischen und die Friedfertigen, die Heimtückischen und die Lauteren, die Guten und die Bösen. »Gott lässt seine Sonne aufgehen über die Bösen und über die Guten und lässt regnen über Gerechte und Ungerechte (Mt 5,45). Alle wachsen heran und werden reif für die Ernte des Lebens. Das ist Anrede an die Jünger, an Lernende.

Wir sind Leute, die vom Wort Gottes lernen. Das fängt an mit Zuhören. Am Anfang dieses Kapitels steht, dass ihm eine große Menge zugehört hat. Es scheiden sich die Geister zwischen den oberflächlich Hörenden und denen, die wirklich lernen wollen. Gottes Wort ist Anrede an uns und dieses Wort Jesu verlangt Antwort durch unser Leben.

WERNER BRAUNE

Herr, wir danken dir für dein Wort. Es redet mit großem Ernst zu uns, erinnert an unsere Verantwortung und an unsere Endlichkeit. Lass uns lernen, damit wir vom Hören zum Handeln kommen. Darum bitten wir dich durch Jesus Christus, unseren Herrn.

Alles muss klein beginnen

31 Er erzählte ihnen ein weiteres Gleichnis und sagte: Mit dem
Himmelreich ist es wie mit einem Senfkorn, das ein Mann auf
seinen Acker säte. 32 Es ist das kleinste von allen Samenkör-
nern; sobald es aber hochgewachsen ist, ist es größer als die an-
deren Gewächse und wird zu einem Baum, sodass die Vögel
des Himmels kommen und in seinen Zweigen nisten.
33 Und er erzählte ihnen noch ein Gleichnis: Mit dem Him-
melreich ist es wie mit dem Sauerteig, den eine Frau unter ei-
nen großen Trog Mehl mischte, bis das Ganze durchsäuert war.
34 Dies alles sagte Jesus der Menschenmenge durch
Gleichnisse; er redete nur in Gleichnissen zu ihnen. 35 Da-
mit sollte sich erfüllen, was durch den Propheten gesagt wor-
den ist: Ich öffne meinen Mund und rede in Gleichnissen, /
ich verkünde, was seit der Schöpfung verborgen war.

Matthäus 13,31–35

Alles muss klein beginnen … Dazu gehört auch das Himmelreich, wenn man der Überlieferung Matthäus' Glauben schenken mag. Kann das sein? Für mich ist das Himmelreich immer etwas ganz Großes gewesen. Vielleicht liegt das daran, dass ich direkt an der Nordsee aufgewachsen bin und vom Deich aus immer einen freien Blick auf das ganze Himmelsgewölbe hatte. Diese unendliche Weite, dazu das immer neue Spiel der Sonne und der Wolken, sie prägen meine Vorstellung vom Himmel bis heute. Dort ist für jeden Menschen Platz – dort weht der Wind alle Sorgen weg, und die Sonne umgibt die Menschen mit wohliger Wärme.

Naiv? Ja, vielleicht ein bisschen. Und doch bewahre ich mir dieses Bild meiner Kindheit, weil es ein Gegenbild zu dem ist, was ich so oft im Alltag erlebe. Da hat ein Schüler nicht die richtige Markenkleidung an und wird deshalb von seinen Mitschülern ausgegrenzt, da sitzt im Altersheim eine Frau alleine an einem Tisch, obwohl am Nachbartisch noch ein Platz wäre, sie aber aus einem anderen Ort stammt oder eine andere Konfession hat – auch das gibt es leider. Ist das das Himmelreich? Spüren wir hier Gottes Herrschaft auf Erden? Wohl kaum. Eher das Gegenteil.

Wie gut, dass es da auch anderes gibt. Wie gut, dass es noch heute in unserem Leben Senfkörner der Hoffnung gibt, die aufgehen. Wie die Kinder der Jungschargruppe, die mutig auf das kleine Mädchen, das immer bei der Gruppe der Obdachlosen hinter der Kirche dabei war, zugingen, um sie in ihre Gruppe einzuladen. Oder die Frau im Hochhaus, die eines Tages beschloss, an der Tür ihrer ihr eigentlich unbekannten Nachbarin zu klingeln, weil sie im Aufzug so traurig ausgesehen hatte. Die Saat des Himmelreiches geht noch heute auf. Der Glaube an Jesus Christus kann noch heute in der Welt etwas verändern. Doch damals wie heute beginnt vieles ganz klein und will behutsam gepflegt werden. Schauen wir doch einmal genauer hin, wo die Samen keimen und wo schon etwas gewachsen ist.

WIBKE KLOMP

Lebendiger Gott, lass die Saat deines Himmelreiches hier bei uns auf Erden immer wieder neu aufgehen. Lass uns staunen über das, was du wachsen lässt.

Das Geschenk des Reiches Gottes

44 Mit dem Himmelreich ist es wie mit einem Schatz, der in
einem Acker vergraben war. Ein Mann entdeckte ihn, grub
ihn aber wieder ein. Und in seiner Freude verkaufte er alles,
was er besaß, und kaufte den Acker. 45 Auch ist es mit dem
Himmelreich wie mit einem Kaufmann, der schöne Perlen
suchte. 46 Als er eine besonders wertvolle Perle fand, ver-
kaufte er alles, was er besaß, und kaufte sie.

Matthäus 13,44–46

Leistung« ist das Prinzip, das unsere Gesellschaft am meisten prägt. »Ich leiste, also bin ich.« Wer nicht leistet, fällt durch die Maschen der Gesellschaft. Gnadenlos werden alle, die den Leistungsanforderungen nicht entsprechen, dem Markt geopfert. Die Versuchung ist groß, dieses Leistungsprinzip auch auf unseren Glauben zu übertragen und uns unter unzählige Anforderungen zu stellen: Hier gilt es, sich zu engagieren, dort sich einzusetzen, überhaupt sollte »man« doch.

Auch die beiden Gleichnisse vom Schatz im Acker und der kostbaren Perle werden nicht selten dazu benutzt, unserer religiösen Leistungsbereitschaft ein wenig nachzuhelfen: Wie dieser Kaufmann gilt es, *alles* einzusetzen, und wie jener Knecht heißt es, *alles* hinzugeben, um in das Reich Gottes zu gelangen. Opferbereitschaft und Hingabewille sind sicher richtig und notwendig und gut. Aber die Gefahr ist groß, dass wir uns oder andere unter einen Druck setzen, dem wir nicht mehr gewachsen sind. Wo moralisiert wird, werden Menschen in die Enge getrieben. Da bleibt kein Raum zu befreitem Handeln.

Unsere beiden Gleichnisse moralisieren nicht. Sie handeln überhaupt nicht davon, was Menschen *tun sollen.* Sondern sie künden von einer anderen, von einer neuen Wirklichkeit. Sie erzählen von der Wirklichkeit des Reiches Gottes, die in das Leben von Menschen einbricht und dieses von Grund auf verändert. Das Reich Gottes, so sagen die beiden Gleichnisse, kommt so überraschend und überwältigend, wie wenn man einen unermesslichen Schatz oder eine überaus kostbare Perle findet. Und angesichts eines solchen Fundes gibt es eigentlich nur noch eine einzige Reaktion: Es gilt, in seinen Besitz zu kommen. Alles andere wird zweitrangig.

Insofern kehren die beiden Gleichnisse die Perspektive um. Am Anfang steht nicht das Moralisieren, steht nicht das »du musst!«. Sondern am Anfang steht die Freude über einen überwältigenden Fund. Der Kaufmann und der Knecht lassen sich beflügeln vom Glück ihres Fundes. Dieses Glück bestimmt ihr Handeln. So eröffnen die Gleichnisse auch uns eine neue Perspektive, indem sie auf den Schatz hinweisen, der uns geschenkt ist und den es darum »nur noch« zu heben gilt.

SABINE BIEBERSTEIN

Guter Gott, unerwartet und überraschend brichst du immer wieder in unseren Alltag ein. Öffne unsere Augen und Herzen für den »Schatz« deiner Gegenwart und bringe du uns in Bewegung mit deiner Kraft.

Die Zeit des Sammelns

47 Weiter ist es mit dem Himmelreich wie mit einem Netz,
das man ins Meer warf, um Fische aller Art zu fangen.
48 Als es voll war, zogen es die Fischer ans Ufer; sie setzten
sich, lasen die guten Fische aus und legten sie in Körbe, die
schlechten aber warfen sie weg. 49 So wird es auch am Ende
der Welt sein: Die Engel werden kommen und die Bösen von
den Gerechten trennen 50 und in den Ofen werfen, in dem
das Feuer brennt. Dort werden sie heulen und mit den Zähnen knirschen.

51 Habt ihr das alles verstanden? Sie antworteten: Ja.
52 Da sagte er zu ihnen: Jeder Schriftgelehrte also, der ein
Jünger des Himmelreichs geworden ist, gleicht einem Hausherrn, der aus seinem reichen Vorrat Neues und Altes hervorholt. 53 Als Jesus diese Gleichnisse beendet hatte, zog er
weiter.

Matthäus 13,47–53

Mit dem Himmelreich geht es wie mit einem Netz, das ins Meer geworfen wurde und Fische aller Art fing. Sammeln, einsammeln und zurückholen ist das große Werk Gottes, das er Israel verheißen hat durch die Propheten. »Der Herr wird dich wieder sammeln aus allen Völkern, unter die dich der Herr, dein Gott, verstreut hat. Wenn du bis ans Ende des Himmels verstoßen wärst, so wird dich doch der Herr, dein Gott, von dort sammeln und dich von dort holen« (5. Mose 30,3–4). »Ich will vom Osten deine Kinder bringen und dich vom Westen her sammeln« (Jesaja 43,5). Die Verheißung ist erfüllt. Jesus sammelt wie mit dem Schleppnetz: »Kommt her zu mir alle, die ihr mühselig und beladen seid!« »Wen da dürstet, der komme zu mir und trinke.« Gott sammelt seine Verlorenen wieder, wie der Hirt das Schaf und die Frau ihren Groschen. Jesus tut dies messianische Werk und macht die Tische im Reich Gottes voll. Und wer ihn dabei hindert, muss sich sagen lassen: »Wer nicht mit mir ist, der ist gegen mich, und wer nicht mit mir sammelt, der zerstreut« (Matthäus 12,30). Wer Jünger sein will, muss Menschen fischen und sich an der großen Sammlung Gottes beteiligen.

Jetzt ist die Zeit des Sammelns. Erst wenn das Netz voll ist, wird es ans Ufer gezogen. Dann lesen die Fischer aus. Jesus sagt scharf: So wird es am Ende der Welt gehen. Vorher ist Auslese nicht dran, wie auch das Unkraut nicht vor der Ernte gejätet werden soll. Und noch schärfer: Ihr sollt die Auslese nicht treffen. Dazu schickt Gott seine Boten. Es könnte sein, dass unsere Auswahl nicht Gottes Maßstäben folgt. So waren die Pharisäer eine Elite, aber nicht im Sinn des sammelnden Messias. Wen Gott auswählt, den schönt er, den macht er so, wie er ihn haben möchte. Nur er kann Blutrot schneeweiß machen. Wir taugen nur zum Sammeln.

Habt ihr das alles verstanden?, fragt Jesus. Darum gleicht jeder Schriftgelehrte, der ein Jünger des Himmelreichs ist, einem Hausvater, der aus seinem Schatz Neues und Altes hervorholt: die alten Verheißungen von dem heimholenden Gott und deren Erfüllung in Jesus und seinen Jüngern bis heute.

GERTRUD VOGELBUSCH

Herr, hab Dank, dass du uns an die Arbeit stellst.
Hab Dank, dass du uns schön und gerecht machst.
Wir können nur verurteilen, andere und uns selbst.
Aber du machst uns neu, wie du verheißen hast.
Wir warten darauf, o Herr.

Die Ersten werden die Letzten sein

1 Denn mit dem Himmelreich ist es wie mit einem Gutsbe-
sitzer, der früh am Morgen sein Haus verließ, um Arbeiter
für seinen Weinberg anzuwerben. 2 Er einigte sich mit den
Arbeitern auf einen Denar für den Tag und schickte sie in
seinen Weinberg. 3 Um die dritte Stunde ging er wieder auf
den Markt und sah andere dastehen, die keine Arbeit hatten.
4 Er sagte zu ihnen: Geht auch ihr in meinen Weinberg! Ich
werde euch geben, was recht ist. 5 Und sie gingen. Um die
sechste und um die neunte Stunde ging der Gutsherr wieder
auf den Markt und machte es ebenso. 6 Als er um die elfte
Stunde noch einmal hinging, traf er wieder einige, die dort
herumstanden. Er sagte zu ihnen: Was steht ihr hier den gan-
zen Tag untätig herum? 7 Sie antworteten: Niemand hat uns
angeworben. Da sagte er zu ihnen: Geht auch ihr in meinen
Weinberg! 8 Als es nun Abend geworden war, sagte der Be-
sitzer des Weinbergs zu seinem Verwalter: Ruf die Arbeiter,
und zahl ihnen den Lohn aus, angefangen bei den letzten, bis
hin zu den ersten. 9 Da kamen die Männer, die er um die
elfte Stunde angeworben hatte, und jeder erhielt einen De-
nar. 10 Als dann die ersten an der Reihe waren, glaubten
sie, mehr zu bekommen. Aber auch sie erhielten nur einen
Denar. 11 Da begannen sie, über den Gutsherrn zu murren,
12 und sagten: Diese letzten haben nur eine Stunde gearbei-
tet, und du hast sie uns gleichgestellt; wir aber haben den
ganzen Tag über die Last der Arbeit und die Hitze ertragen.
13 Da erwiderte er einem von ihnen: Mein Freund, dir ge-
schieht kein Unrecht. Hast du nicht einen Denar mit mir ver-
einbart? 14 Nimm dein Geld und geh! Ich will dem letzten

ebenso viel geben wie dir. **15** Darf ich mit dem, was mir ge-
hört, nicht tun, was ich will? Oder bist du neidisch, weil ich
(zu anderen) gütig bin? **16** So werden die Letzten die Ers-
ten sein und die Ersten die Letzten.

Matthäus 20,1–16

Da es den Jüngern schwer fällt zu begreifen, dass das Himmelreich mit unseren Vorstellungen von Vernunft nicht zu fassen ist, erzählt Jesus das Gleichnis von den Arbeitern im Weinberg. Ob das geeignet ist, ihnen das Thema verständlicher zu machen? Selbst Kinder rufen bei dieser Geschichte sofort: Das ist aber ungerecht! Nach unseren Vorstellungen soll sich Leistung lohnen! Und wer nichts tut, soll auch nichts bekommen. Da gibt es genaue Abstufungen: Kopfarbeit zählt mehr als Handarbeit, Leitungsaufgaben werden höher bewertet als ausführende Tätigkeiten, und am besten geht es denen, die andere für sich arbeiten lassen. Wer hat das eigentlich einmal festgelegt? Tatsache ist: Bei solchen Strukturen gibt es immer Gewinner und Verlierer. Die einen können führen, die anderen nicht. Die einen stehen früher auf, die anderen später. Und der, den die Natur nicht mit den Gaben ausgestattet hat, die gerade gesellschaftlich anerkannt sind, hat eben Pech gehabt.

Aber solch eine »Gerechtigkeit« liegt Gott fern. Hier kommt es auf etwas ganz anderes an: dabei gewesen zu sein. Die Bereitschaft gezeigt zu haben, mitzumachen – ganz egal, ob früher oder später. Wie gute Eltern liebt Gott alle seine Kinder gleich. Er macht keine Unterschiede. Sein Geschenk ist das ewige Leben, die Teilhabe am »Himmelreich«, und da gibt es nicht für den einen mehr und für den anderen weniger. Man kann nicht »ein bisschen« im Himmel sein. Und man kann sich den Himmel nicht erarbeiten. Er ist freie Zuwendung Gottes an die, die auf ihn vertrauen.

Jesus verbindet mit diesem Gleichnis keine Alltagslehre: Wenn ihr es so macht wie der König, dann habt ihr den Himmel auf Erden. Nein, er will zeigen, dass das Himmelreich eine völlig andere Qualität hat als Lohn und Leistung – für jeden, der sich darauf einlassen kann, schon hier und heute erlebbar. Ob die Jünger es jetzt begriffen haben? Wenn man ab V. 20 weiterliest, hat man da nicht viel Hoffnung …

DAGMAR KÖHRING

Lieber Vater im Himmel, schenke uns die Einsicht in die Größe deiner Güte. Lass uns erfahren, dass wir dir gehören, ganz und gar, und dass du uns das ganze Himmelreich schenken willst.

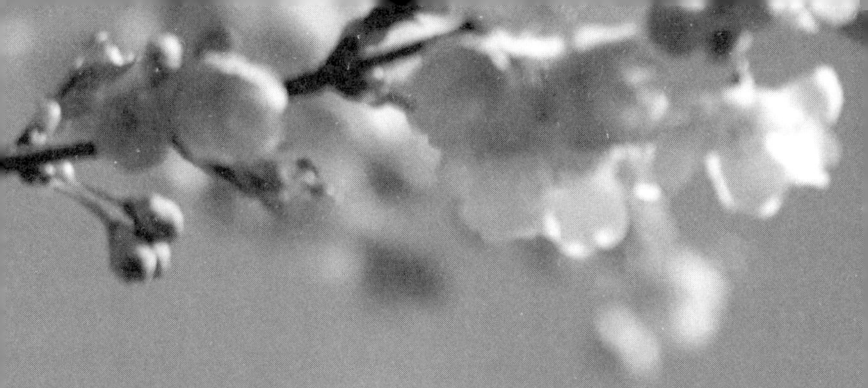

Jesu, meine Freude,
meines Herzens Weide,
Jesu, meine Zier,
ach wie lang, ach lange
ist dem Herzen bange
und verlangt nach dir!
Gottes Lamm, mein Bräutigam,
außer dir soll mir auf Erden
nichts sonst Liebers werden.

Johann Franck, 1653

»Lasst eure Lichter brennen« – wie geht das?

1 Dann wird es mit dem Himmelreich sein wie mit zehn
Jungfrauen, die ihre Lampen nahmen und dem Bräutigam
entgegengingen. 2 Fünf von ihnen waren töricht und fünf
waren klug. 3 Die törichten nahmen ihre Lampen mit, aber
kein Öl, 4 die klugen aber nahmen außer den Lampen noch
Öl in Krügen mit. 5 Als nun der Bräutigam lange nicht
kam, wurden sie alle müde und schliefen ein. 6 Mitten in
der Nacht aber hörte man plötzlich laute Rufe: Der Bräuti-
gam kommt! Geht ihm entgegen! 7 Da standen die Jung-
frauen alle auf und machten ihre Lampen zurecht. 8 Die tö-
richten aber sagten zu den klugen: Gebt uns von eurem Öl,
sonst gehen unsere Lampen aus. 9 Die klugen erwiderten
ihnen: Dann reicht es weder für uns noch für euch; geht doch
zu den Händlern und kauft, was ihr braucht. 10 Während sie
noch unterwegs waren, um das Öl zu kaufen, kam der Bräu-
tigam; die Jungfrauen, die bereit waren, gingen mit ihm in
den Hochzeitssaal und die Tür wurde zugeschlossen. 11
Später kamen auch die anderen Jungfrauen und riefen: Herr,
Herr, mach uns auf! 12 Er aber antwortete ihnen: Amen, ich
sage euch: Ich kenne euch nicht. 13 Seid also wachsam!
Denn ihr wisst weder den Tag noch die Stunde.

Matthäus 25,1–13

Da fängt etwas so fröhlich an – ein Hochzeitsfest, alle bereiten sich vor, sind erwartungsfroh, gespannt –, und dann endet es für einige so traurig. Sie sind ausgeschlossen, aus und vorbei, sie dürfen nicht mitfeiern. Und das nur, weil sie die Situation nicht besser eingeschätzt haben. Ihnen hat der weite Blick gefehlt.

Ob sie wohl jemand vorher darauf aufmerksam gemacht hat: »Habt ihr bedacht, was ist, wenn …?« Wollten sie nur nicht hören oder haben sie es einfach nicht bedacht? Matthäus nimmt dieses Gleichnis Jesu als einziger Evangelist in sein Evangelium auf, weil er es vermutlich nicht verantworten möchte, nichts gesagt zu haben, andere nicht darauf hingewiesen zu haben: »Habt ihr die Zukunft im Blick? Habt ihr sie bedacht? Seid ihr vorbereitet? Ich will, dass ihr mitfeiert bei dem großen Freudenmahl Gottes!«

Was genau ist bei den törichten Jungfrauen schiefgelaufen? Sie hatten ihre Lampen genau wie die klugen. Sie waren genauso wach oder müde wie die klugen, denn alle schliefen ein, als sich die Ankunft des Bräutigams verzögerte. Was sie unterscheidet: Die einen hatten einen Vorrat für das Licht dabei, sie hatten weiter gedacht, die anderen nicht. Was ist mit dem Ölvorrat für das Licht gemeint? Viele meinen, es sei der Glaube, der zu verlöschen droht, wenn Jesus sich nicht sichtbar zeigt und von Gottes Gegenwart so wenig zu spüren ist.

Mein Glaubenslicht – wie kann ich dafür sorgen, dass es lange brennt, mein ganzes Leben lang brennt? Mein Glaube braucht Nachschub, Nahrung, Anregung, Orientierung, Erfahrung, Geduld, Durchhaltevermögen. All das kann er bekommen durch die Verbindung mit Gott und den Glaubensgeschwistern. Wenn wir gemeinsam Gottesdienste feiern, uns austauschen, unterstützen, miteinander beten, Freude und Leid gemeinsam tragen, machen wir Erfahrungen, die unser Glaubenslicht anfachen und leuchten lassen.

ANNEMARIE STEINEBRUNNER

»Mache dich auf und werde licht, denn dein Licht kommt, und die Herrlichkeit des Herrn geht auf über dir« – Ja, Gott, schenke mir dein Licht und lass mich Licht sein.

Glaube macht mutig

1 Als Jesus seine Reden beendet hatte, sagte er zu seinen Jün-
gern: 2 Ihr wisst, dass in zwei Tagen das Paschafest beginnt;
da wird der Menschensohn ausgeliefert und gekreuzigt wer-
den. 3 Um die gleiche Zeit versammelten sich die Hohe-
priester und die Ältesten des Volkes im Palast des Hohe-
priesters, der Kajaphas hieß, 4 und beschlossen, Jesus mit
List in ihre Gewalt zu bringen und ihn zu töten. 5 Sie sagten
aber: Ja nicht am Fest, damit kein Aufruhr im Volk entsteht.

6 Als Jesus in Betanien im Haus Simons des Aussätzigen
bei Tisch war, kam eine Frau mit einem Alabastergefäß voll
kostbarem, wohlriechendem Öl zu ihm und goss es über sein
Haar. 8 Die Jünger wurden unwillig, als sie das sahen, und
sagten: Wozu diese Verschwendung? 9 Man hätte das Öl
teuer verkaufen und das Geld den Armen geben können.
10 Jesus bemerkte ihren Unwillen und sagte zu ihnen: Wa-
rum lasst ihr die Frau nicht in Ruhe? Sie hat ein gutes Werk
an mir getan. 11 Denn die Armen habt ihr immer bei euch,
mich aber habt ihr nicht immer. 12 Als sie das Öl über mich
goss, hat sie meinen Leib für das Begräbnis gesalbt.
13 Amen, ich sage euch: Überall auf der Welt, wo dieses
Evangelium verkündet wird, wird man sich an sie erinnern
und erzählen, was sie getan hat.

14 Darauf ging einer der Zwölf namens Judas Iskariot zu
den Hohepriestern 15 und sagte: Was wollt ihr mir geben,
wenn ich euch Jesus ausliefere? Und *sie zahlten* ihm *dreißig*
Silberstücke. 16 Von da an suchte er nach einer Gelegenheit,
ihn auszuliefern.

Matthäus 26,1–16

Unruhe herrscht im Land, in der Stadt, in allen Häusern; das Paschafest wird vorbereitet, der hohe jüdische Feiertag. Daneben gibt es viel Rumoren und Aufruhr im Volk und bei den Mächtigen. Auch Jesus selber hat Menschen beunruhigt, zuerst diejenigen, die um ihn waren, die an ihn glaubten. Die Ankündigung seines Leidensweges und seines gewaltsamen Todes in Reden und Gleichnissen wird auch von den Jüngern nicht verstanden. Erst recht nicht von den Mitgliedern des Hohen Rates und den Theologen, für die Jesus mit seiner radikalen Frömmigkeit und seinem Reden und Handeln eine Bedrohung war. Ihn versuchten sie zu beseitigen, nur nicht am Passahfest, da sie sonst das Volk gegen sich aufwiegeln würden. –

Ein wenig abseits von Jerusalem kommen die Jünger mit Jesus zusammen; und wieder geschieht etwas Herausforderndes im Hause des ehemals Aussätzigen Simon. Hat ihn Jesus geheilt? Zwar ist er wieder gesund, aber er wird weiter »Simon der Aussätzige« genannt. Im Beisammensein der Freunde mit ihrem Meister ereignet sich etwas für damalige Zeit Unmögliches, fast ein Skandal. Eine Frau tritt in die Runde der Männer, geht auf Jesus zu und übergießt ihn mit kostbarem Öl, mit dem sie ihn wohl auch salbt. Sie lässt sich nicht beirren und abweisen. Vielleicht hat sie ihr letztes Vermögen aufgebraucht, um das für sie Kostbarste für Jesus zu geben. Sie hat nicht gerechnet und kalkuliert, es ist Anbetung und überfließende Liebe, die diese Frau mit ihrer Gabe ausdrücken will. Mich beruhigt, dass Jesus die verärgerten und murrenden Männer zurechtweist. Ihre Aufrechnung vom Wert des Geschenkes und der Verschwendung von Geld schiebt er beiseite. Vielmehr wird die Frau zur Prophetin; ihre Salbung ist schon Zeichen dessen, was Jesus geschehen wird auf seinem Weg in den Tod und der Salbung danach. Diese Frau, sie redet nicht, sie handelt und wird durch ihre Tat zum Zentrum der Männerrunde im Haus des Simon.

SIEGHILDE VON HOERSCHELMANN

»Nun, ich kann nicht viel geben
in diesem armen Leben,
eins aber will ich tun:
Es soll dein Tod und Leiden,
bis Leib und Seele scheiden,
mir stets in meinem Herzen ruhn.«

Platz für alle

17 Am ersten Tag des Festes der Ungesäuerten Brote gingen
die Jünger zu Jesus und fragten: Wo sollen wir das Pascha-
mahl für dich vorbereiten? 18 Er antwortete: Geht in die
Stadt zu dem und dem und sagt zu ihm: Der Meister lässt
dir sagen: Meine Zeit ist da; bei dir will ich mit meinen
Jüngern das Paschamahl feiern. 19 Die Jünger taten, was
Jesus ihnen aufgetragen hatte, und bereiteten das Pascha-
mahl vor.

20 Als es Abend wurde, begab er sich mit den zwölf
Jüngern zu Tisch. 21 Und während sie aßen, sprach er:
Amen, ich sage euch: Einer von euch wird mich verraten
und ausliefern. 22 Da waren sie sehr betroffen und einer
nach dem andern fragte ihn: Bin ich es etwa, Herr? 23 Er
antwortete: Der, der die Hand mit mir in die Schüssel ge-
taucht hat, wird mich verraten. 24 Der Menschensohn muss
zwar seinen Weg gehen, wie die Schrift über ihn sagt. Doch
weh dem Menschen, durch den der Menschensohn verraten
wird. Für ihn wäre es besser, wenn er nie geboren wäre.
25 Da fragte Judas, der ihn verriet: Bin ich es etwa, Rabbi?
Jesus sagte zu ihm: Du sagst es. 26 Während des Mahls
nahm Jesus das Brot und sprach den Lobpreis; dann brach
er das Brot, reichte es den Jüngern und sagte: Nehmt und
esst; das ist mein Leib. 27 Dann nahm er den Kelch, sprach
das Dankgebet und reichte ihn den Jüngern mit den Wor-
ten: Trinkt alle daraus; 28 das ist mein Blut, das Blut des
Bundes, das für viele vergossen wird zur Vergebung der
Sünden. 29 Ich sage euch: Von jetzt an werde ich nicht
mehr von der Frucht des Weinstocks trinken bis zu dem Tag,

an dem ich mit euch von Neuem davon trinke im Reich meines Vaters.

30 Nach dem Lobgesang gingen sie zum Ölberg hinaus.

Matthäus 26,17–30

Dass Jesus gemeinsam isst mit Jüngern und Freunden, ja mit Zöllnern und Sündern, gehört zu seinem Wirken. Und doch: Dieses Mahl wird ein anderes sein. Es steht unter einer anderen Überschrift.

Jesus wird sterben. Die Menschen um ihn herum sind verstört. Einer von ihnen, Judas, wird Jesus ausliefern. Warum, bleibt unserer Spekulation überlassen. Ist er völlig enttäuscht zum Gegner Jesu geworden? Oder will er dem Schicksal auf die Sprünge helfen, den Konflikt mit den Hohepriestern zum Höhepunkt treiben, weil er auf ein siegreiches Ende für Jesus hofft?

Jesus feiert mit seinen Freunden das jüdische Paschafest und Judas hat seinen Platz am Tisch.

Jesus weist auf den Verrat hin und darauf, dass der Verräter seines Lebens nicht mehr froh werden wird. Er weiß auch, wer der Verräter ist. Und doch, Judas ist eingeladen an diesen Tisch. Wenn er später aufsteht und geht, tut er das aus eigenem Entschluss. Er wird nicht rausgeworfen. Und genau dieses Abendmahl wird für uns zum Vorbild unserer Feier. Wir feiern im Gottesdienst mit den gleichen Worten und erinnern uns an genau das, was hier geschieht. An Jesu Tisch sind wir geladen, alle. Das sagen oder singen wir. Die Szene hier zeigt an den konkreten Menschen und konkreten Schicksalen, dass es auch konkret so gemeint ist.

Judas ist eingeladen und auch die anderen um Jesus. Die Ankündigung: »Dein Freund und Meister wird sterben«, löst eine schwere Lebenskrise aus. Einige werden fliehen, andere wenig später im Garten Gethsemane gegen alle Bitten schlafen, Petrus wird viel versprechen und wenig halten. Jesus aber sagt das Pascha nicht etwa ab. Die Feier findet statt, ungeachtet der Situation. Es bleibt ein Fest, ein »Ritual«, das gerade in dieser Lebenslage trägt. Jesus hält es aus, mit diesen Menschen am Tisch zu sitzen und Gemeinschaft zu haben. Gott ist bei den Menschen in ihrer Verwirrung und Schuld. So wie hier beschrieben, so ist es zu verstehen.

An Gottes Tisch sind alle eingeladen, ungeachtet der Lebenslage, der Krise, der Verwirrung, in der sie stecken, egal, woher sie kommen, egal, wohin sie gehen.

An Gottes Tisch ist Platz für alle.

JUTTA JESSEN-THIESEN

Gott, zu dir dürfen wir kommen, mühselig und beladen, verwirrt, orientierungslos, belastet mit Fehlern und deren Folgen. Bei dir ist Platz für alle, jederzeit, auch für mich. Danke.

Nicht jeder hat die Kraft

31 Da sagte Jesus zu ihnen: Ihr alle werdet in dieser Nacht an
mir Anstoß nehmen und zu Fall kommen; denn in der Schrift
steht: *Ich werde den Hirten erschlagen, dann werden sich die
Schafe der Herde zerstreuen.* 32 Aber nach meiner Auferste-
hung werde ich euch nach Galiläa vorausgehen. 33 Petrus
erwiderte ihm: Und wenn alle an dir Anstoß nehmen – ich
niemals! 34 Jesus entgegnete ihm: Amen, ich sage dir: In
dieser Nacht, noch ehe der Hahn kräht, wirst du mich drei-
mal verleugnen. 35 Da sagte Petrus zu ihm: Und wenn ich
mit dir sterben müsste – ich werde dich nie verleugnen. Das
Gleiche sagten auch alle anderen Jünger.

Matthäus 26,31–35

Maximilian Kolbe, Paul Schneider, Dietrich Bonhoeffer – sie alle hatten eines gemeinsam: Sie sind für ihren Glauben in den Tod gegangen und zu Märtyrern, zu Blutzeugen, geworden. Sie waren von der Botschaft Gottes so überzeugt, dass sie zur Zeit, vor allem aber auch zur Unzeit das Wort geradezu ergreifen mussten, gegen das Unrecht zu predigen, bedrohtes Menschenleben vor dem Tod zu schützen.

Wie weit würden die Jünger gehen? Jesus sagte ihnen voraus, dass auch seine engsten Vertrauten sich von ihm abwenden würden. Petrus wollte eine solche Prophezeiung nicht akzeptieren. Und wenn er mit Jesus sterben müsste, niemals wolle er von seiner Seite weichen. Die übrigen Jünger gaben ebenso dieses Versprechen. Es ist bekannt, wie die Geschichte ausging. Keiner wurde zum Märtyrer. Die Frage, die sich daraus ergibt: Muss jeder Christ die Bereitschaft zum Martyrium mitbringen? Oder andersherum: Wer nicht zum Märtyrer taugt, kann der dann für sich beanspruchen, der christliche Glaube sei seine alleinige Richtschnur?

Die biblischen Texte und die Kirchengeschichte zeigen zum einen, dass offensichtlich nur wenige – von Gott auserwählte? – Menschen in Ausnahmesituationen bereit waren, den Tod um des Glaubens willen auf sich zu nehmen. Für die anderen heißt dies nicht: Da ich meinen Glauben nicht hundertprozentig durchhalten kann, muss ich es mit ihm auch nicht so genau nehmen. Das wäre der falsche Schluss. Gerade das Schicksal des Petrus zeigt, dass sich Gott von ihm nicht abgewandt hat und sich von niemandem abwenden wird. Zugespitzt formuliert: Ein Versager wie dieser Petrus wurde sogar von Jesus als der Fels bezeichnet, auf dem er seine Kirche bauen wolle. Oder mit anderen Worten: Gott hasst die Sünde, aber dem Sünder lässt er Gnade widerfahren, eröffnet ihm die Möglichkeit des Neuanfangs. Wie tröstlich!

UDO HAHN

Herr, stärke uns im Glauben, dass wir dein Wort verkündigen, wo es nötig ist, und für Menschen eintreten, die benachteiligt werden.

Wenn der Kelch bitter schmeckt

36 Darauf kam Jesus mit den Jüngern zu einem Grundstück,
das man Getsemani nennt, und sagte zu ihnen: Setzt euch
und wartet hier, während ich dort bete. **37** Und er nahm Pe-
trus und die beiden Söhne des Zebedäus mit sich. Da ergriff
ihn Angst und Traurigkeit, **38** und er sagte zu ihnen: Meine
Seele ist zu Tode betrübt. Bleibt hier und wacht mit mir!
39 Und er ging ein Stück weiter, warf sich zu Boden und be-
tete: Mein Vater, wenn es möglich ist, gehe dieser Kelch an
mir vorüber. Aber nicht wie ich will, sondern wie du willst.
40 Und er ging zu den Jüngern zurück und fand sie schla-
fend. Da sagte er zu Petrus: Konntet ihr nicht einmal eine
Stunde mit mir wachen? **41** Wacht und betet, damit ihr nicht
in Versuchung geratet. Der Geist ist willig, aber das Fleisch
ist schwach. **42** Dann ging er zum zweiten Mal weg und be-
tete: Mein Vater, wenn dieser Kelch an mir nicht vorüberge-
hen kann, ohne dass ich ihn trinke, geschehe dein Wille.
43 Als er zurückkam, fand er sie wieder schlafend, denn die
Augen waren ihnen zugefallen. **44** Und er ging wieder von
ihnen weg und betete zum dritten Mal mit den gleichen Wor-
ten. **45** Danach kehrte er zu den Jüngern zurück und sagte
zu ihnen: Schlaft ihr immer noch und ruht euch aus? Die
Stunde ist gekommen; jetzt wird der Menschensohn den
Sündern ausgeliefert. **46** Steht auf, wir wollen gehen! Seht,
der Verräter, der mich ausliefert, ist da.

Matthäus 26,36–46

Ein edler Kelch, gefüllt mit kostbarem Inhalt, wer hätte nicht seine Freude daran? Bisweilen erfahren wir unser Leben so angenehm, als würde uns ein solcher Becher eingeschenkt. Zeiten dieser Art nehmen wir gerne an. Aber wir kennen auch die ganz andere Seite: Wir bekommen nicht etwas Angenehmes angeboten, uns wird etwas zugemutet. Am liebsten würden wir einen großen Bogen darum machen, doch diese Möglichkeit entfällt. Dann sprechen wir davon, dass wir einen bitteren Kelch zu trinken haben. Kelche dieser Art haben verschiedene Gesichter: Krankheit, Berufs- und Beziehungsprobleme, ein Unglück, das uns trifft, die Liste lässt sich für jeden beliebig verlängern.

Jesus in Gethsemane sieht einen solchen bitteren Kelch vor sich. Am liebsten würde er ihn nicht trinken müssen. Wie hilfreich für uns, dass Jesus so etwas auch kennt! Wir erleben ihn hier so ganz nah bei uns, weil er diese Angst und Not vor dem Bitteren und Schweren kennt, genau wie wir. In dieser Nachtstunde, innerlich alleingelassen von seinen schlafenden Freunden, besteht er einen der schwersten Kämpfe seines Lebens: Er unterstellt seine tiefsten Wünsche dem Willen Gottes.

Wenn der Kelch bitter schmeckt, wenn es kein Ausweichen gibt, wenn nur noch die Angst regiert oder die Auflehnung, möchte Jesus in Gethsemane zu uns kommen und uns sagen: Was ihr jetzt möglicherweise durchzustehen habt, das kenne ich auch ganz genau. Wie ein Bruder steht Jesus neben uns und lädt uns ein, mit unserem Kelch, der gerade zu trinken ist, umzugehen, wie er es tat, als er Gottes Willen über seine Wünsche stellte.

Von Jesus können wir lernen, dass bittere Kelche dadurch nicht süßer werden, aber dass Kelche, die Gott uns zumutet, Wege zu der Erfahrung werden, die Ostern heißt, wenn wir diese Kelche innerlich annehmen.

ERNST-PETER WELDIN

Herr, du weißt, mit welchem Kelch ich mich gerade herumplage. Gib mir die Gnade zu sagen: Dein Wille geschehe an mir.

Alles läuft nach Plan

47 Während er noch redete, kam Judas, einer der Zwölf, mit
einer großen Schar von Männern, die mit Schwertern und
Knüppeln bewaffnet waren; sie waren von den Hohepries-
tern und den Ältesten des Volkes geschickt worden. 48 Der
Verräter hatte mit ihnen ein Zeichen verabredet und gesagt:
Der, den ich küssen werde, der ist es; nehmt ihn fest. 49 So-
gleich ging er auf Jesus zu und sagte: Sei gegrüßt, Rabbi!
Und er küsste ihn. 50 Jesus erwiderte ihm: Freund, dazu bist
du gekommen? Da gingen sie auf Jesus zu, ergriffen ihn und
nahmen ihn fest. 51 Doch einer von den Begleitern Jesu zog
sein Schwert, schlug auf den Diener des Hohepriesters ein
und hieb ihm ein Ohr ab. 52 Da sagte Jesus zu ihm: Steck
dein Schwert in die Scheide; denn alle, die zum Schwert
greifen, werden durch das Schwert umkommen. 53 Oder
glaubst du nicht, mein Vater würde mir sogleich mehr als
zwölf Legionen Engel schicken, wenn ich ihn darum bitte?
54 Wie würde dann aber die Schrift erfüllt, nach der es so ge-
schehen muss? 55 Darauf sagte Jesus zu den Männern: Wie
gegen einen Räuber seid ihr mit Schwertern und Knüppeln
ausgezogen, um mich festzunehmen. Tag für Tag saß ich im
Tempel und lehrte und ihr habt mich nicht verhaftet. 56 Das
alles aber ist geschehen, damit die Schriften der Propheten
in Erfüllung gehen. Da verließen ihn alle Jünger und flohen.

Matthäus 26,47–56

Ein Kuss besiegelt den Verrat. Im Dunkel der Nacht wird der ergriffen, den die Finsternis dieser Welt nicht begreift und ergreifen kann. Mit Gewalt wird der gefangen genommen, der Gewaltlosigkeit predigte. Ein geplantes geheimes Komplott findet statt gegen den, der öffentlich auftrat. Doch Gewalt ruft bei Jesu Anhängern Gegengewalt hervor. Es geschieht wie immer. Die Spirale der Gewalt folgt einer tödlichen Logik. Wer das Schwert erhebt, der wird durch das Schwert umkommen. Gibt es eine Alternative? Könnte hier nicht himmlische Gewalt menschlicher Gewalt Einhalt gebieten? Warum gewinnt man damals und heute den Eindruck, dass Böses über Gutes scheinbar mühelos obsiegt?

Was einst in jener Nacht geschah, vollzieht sich tausendfach am helllichten Tag: Verrat und Gewalt gegenüber Menschen, gegenüber der Wahrheit und der Liebe. Kein Bereich ist tabu. Im Namen Gottes, im Auftrag höchster religiöser Macht wird Gewalt ausgeübt. Religiöser Fanatismus scheint blind zu sein für den Frieden. Er bringt Menschen dazu, in Kreuzzügen gegen andere Völker Angst und Schrecken zu verbreiten, Terroranschläge unvorstellbaren Ausmaßes zu planen und zu vollstrecken. Muss das so sein? Was für ein Plan steckt dahinter? Vollzieht sich das Leben als ein schicksalhaftes Uhrwerk, das abläuft und sich bewahrheitet – vormals an den Propheten, damals an Jesus von Nazareth, heute an vielen anderen?

Es ist zum Davonlaufen, wiewohl es doch von dieser Gesetzmäßigkeit scheinbar kein Entrinnen gibt. Die Passion Jesu zwingt dazu, sich der Rätselhaftigkeit des

Lebens und der Rätselhaftigkeit Gottes zu stellen. Nichts mehr wahrnehmen zu wollen, vor den Herausforderungen zu fliehen, ist keine Lösung. Gottes Plan mit der Welt in allen Einzelheiten zu verstehen und als logisch zu begreifen, ist nicht unsere Aufgabe. Aber zu glauben, dass wir nicht planlos zum Spielball dieser Welt werden, ist uns aufgegeben. Jesus lässt sich hier in dieser Situation gefangen nehmen, weil er davon überzeugt ist, dass Gewalt und Unrecht nur mit und von Gott bestimmt zum Ende kommen.

CHRISTOPH REICHENBACHER

Herr Jesus Christus, die Welt ist voller Leid, Elend und Tod. Täglich werden Menschen erbarmungslos gequält und hingerichtet. Wir verstehen nicht, warum das alles so sein muss. Hilf uns, nicht wegzusehen und zu resignieren. Mach uns bewusst, dass dein Tod alles Leid umschließt und darin Heil verborgen liegt.

Wenn ich einmal soll scheiden,
so scheide nicht von mir,
wenn ich den Tod soll leiden,
so tritt du dann herfür;
wenn mir am allerbängsten
wird um das Herze sein,
so reiß mich aus den Ängsten
kraft deiner Angst und Pein.

Paul Gerhardt, 1656

Befangenheit im Urteilsspruch

57 Nach der Verhaftung führte man Jesus zum Hohepriester
Kajaphas, bei dem sich die Schriftgelehrten und die Ältesten
versammelt hatten. 58 Petrus folgte Jesus von Weitem bis
zum Hof des hohepriesterlichen Palastes; er ging in den Hof
hinein und setzte sich zu den Dienern, um zu sehen, wie
alles ausgehen würde. 59 Die Hohepriester und der ganze
Hohe Rat bemühten sich um falsche Zeugenaussagen gegen
Jesus, um ihn zum Tod verurteilen zu können. 60 Sie er-
reichten aber nichts, obwohl viele falsche Zeugen auftraten.
Zuletzt kamen zwei Männer 61 und behaupteten: Er hat ge-
sagt: Ich kann den Tempel Gottes niederreißen und in drei
Tagen wieder aufbauen. 62 Da stand der Hohepriester auf
und fragte Jesus: Willst du nichts sagen zu dem, was diese
Leute gegen dich vorbringen? 63 Jesus aber schwieg. Da-
rauf sagte der Hohepriester zu ihm: Ich beschwöre dich bei
dem lebendigen Gott, sag uns: Bist du der Messias, der Sohn
Gottes? 64 Jesus antwortete: Du hast es gesagt. Doch ich er-
kläre euch: Von nun an werdet ihr den Menschensohn zur
Rechten der Macht sitzen und auf den Wolken des Himmels
kommen sehen. 65 Da zerriss der Hohepriester sein Ge-
wand und rief: Er hat Gott gelästert! Wozu brauchen wir
noch Zeugen? Jetzt habt ihr die Gotteslästerung selbst ge-
hört. 66 Was ist eure Meinung? Sie antworteten: Er ist
schuldig und muss sterben. 67 Dann spuckten sie ihm ins
Gesicht und schlugen ihn. Andere ohrfeigten ihn 68 und rie-
fen: Messias, du bist doch ein Prophet! Sag uns: Wer hat dich
geschlagen?

Matthäus 26,57–68

Wer je vor Gericht gestanden ist, weiß, wie schnell der Eindruck entstehen kann, dass der Richter der einen oder anderen Partei stärker gewogen ist. Nicht selten werden vor Prozessbeginn bestimmte Personen als befangen abgelehnt; und wer schon einmal einen Prozess erlebt hat, weiß auch, was es bedeutet, wenn Zeugen auftreten, die falsche Aussagen machen.

Im Prozess Jesu geht es um Leben und Tod. Derjenige, der sich ganz mit Gott einig weiß, steht vor denen, die sich einig sind in ihrem Vor-Urteil: Ein Mensch, der so auftritt wie dieser Jesus von Nazareth, der kann nicht der Messias, der Christus sein. Sie handeln nach bestem Wissen und Gewissen und sie sprechen Recht im Namen Gottes. Sie wollen die Ehre und die Gerechtigkeit Gottes retten. Sie tun, was ihnen mit höchster Autorität der heiligen Schriften überliefert wurde: Auf wiederholte Gotteslästerung muss der Tod erfolgen.

Es ist zu einfach, aus unserer heutigen Perspektive jene, die damals zu Gericht saßen, zu verurteilen, ihnen Blindheit oder sogar Selbstgerechtigkeit vorzuwerfen. Sie waren gefangen in ihrer Vorstellung, die heilige Ordnung Gottes bewahren zu müssen. Was lässt sich dazu sagen? Jesus selbst schweigt lange. Argumentieren kann hier niemand mehr. Die Positionen sind verhärtet. Der Prozess stockt. Die Lösung kommt nicht von fremden Zeugen, sondern durch die Selbstbezeugung Jesu: »Du sagst es, ich bin's. Ich bin der, der mit Gott einig ist und der einmal Recht sprechen und urteilen wird über diese Welt.« Nun haben jene den Beweis, den sie brauchen, um ihr Urteil zu sprechen.

Die Verantwortung für diese Prozessentwicklung trägt somit Jesus selbst. Er hat sein Schweigen gebrochen, nun wird der Stab über ihn gebrochen. Auch Jesus ist überzeugt, dass Gottes Wille geschehen muss. Seine Entscheidung, sich im Namen Gottes zu seiner Verantwortung als Gottes-Sohn zu bekennen, ist gleichsam sein Letzter Wille auf dem Weg zum Kreuz. Jesus wird nach dem Gesetz verurteilt. Das alte Gesetz wird durch seinen Tod erfüllt, aber Jesus übernimmt selbst die Verantwortung für den Tod und vollendet damit die Heilsgeschichte. Er rettet für jene Gottes Ehre, für uns das eigene Leben.

CHRISTOPH REICHENBACHER

Herr Jesus Christus, du warst arm und elend, gefangen und verlassen wie ich. Du kennst alle Not der Menschen, du bleibst bei mir, wenn kein Mensch mir beisteht, du vergisst mich nicht und suchst mich.

Der Felsenmann scheitert

69 Petrus aber saß draußen im Hof. Da trat eine Magd zu
ihm und sagte: Auch du warst mit diesem Jesus aus Galiläa
zusammen. 70 Doch er leugnete es vor allen Leuten und
sagte: Ich weiß nicht, wovon du redest. 71 Und als er zum
Tor hinausgehen wollte, sah ihn eine andere Magd und sagte
zu denen, die dort standen: Der war mit Jesus aus Nazaret
zusammen. 72 Wieder leugnete er und schwor: Ich kenne
den Menschen nicht. 73 Kurz darauf kamen die Leute, die
dort standen, zu Petrus und sagten: Wirklich, auch du gehörst
zu ihnen, deine Mundart verrät dich. 74 Da fing er an, sich
zu verfluchen und schwor: Ich kenne den Menschen nicht.
Gleich darauf krähte ein Hahn, 75 und Petrus erinnerte sich
an das, was Jesus gesagt hatte: Ehe der Hahn kräht, wirst du
mich dreimal verleugnen. Und er ging hinaus und weinte
bitterlich.

Matthäus 26,69–75

Und alsbald krähete der Hahn« – in seiner Matthäuspassion hat Johann Sebastian Bach diesen Bibeltext so vertont, dass man wirklich den Hahn krähen und Petrus weinen hört. Es ist einer der erschütterndsten Momente der Passionsgeschichte. Und dabei ist es nur eine Episode am Rande. Was ist eine kleine Lüge, wenn das Leben eines Menschen auf dem Spiel steht? Lohnt es denn, sich mutig zu bekennen und dabei Gefahr zu laufen, selber mit in den Strudel der Ereignisse gerissen zu werden? Was nützt es, wenn Petrus auch noch im Gefängnis sitzt? In dieser Nacht hat keiner von den Freunden Jesu eine Heldenrolle gespielt. Lapidar berichtet Matthäus: Da verließen ihn alle Jünger und flohen, auch Petrus. Petrus, der Felsenmann, hatte Treue bis in den Tod geschworen. Und jetzt wirft ihn die Frage einer Dienstmagd, einer Sklavin, aus der Bahn. »Du warst auch dabei!« – sagt sie. Der Fels, auf den der Herr seine Kirche gründen wollte, war zerbröckelt. Petrus: ein gescheiterter Held.

Jeder von uns kommt in der Passionsgeschichte Jesu an irgendeiner Stelle vor: Viele sind unter den Zuschauern, andere bei denen, die sich herauswinden wollen wie Pilatus. Und viele sind ganz nahe bei Petrus, der nicht verstehen will, dass zur Sendung Jesu in die Welt auch das Kreuz gehört. Der Hahnenschrei bringt das nächtliche Scheitern an den Tag. Petrus ist mir nahe. In diesem dunklen Punkt berühren sich seine Geschichte und meine Geschichte. Es wird seine Zeit brauchen, um dieses Scheitern zu bewältigen. Keine Vorwürfe, keine Schuldzuweisungen, keine Verurteilungen. Nach Ostern werden sie am See in Galiläa zusammen sein. Sie werden essen und trinken wie früher und der Herr wird den Petrus dreimal fragen: »Hast du mich lieb?« Und Petrus wird verstehen, dass ihm vergeben ist. Und er wird seinem Herrn bis in den Tod hinein folgen. Der Hahnenschrei ist nicht das letzte Wort über Petrus. Gott sei Dank!

MARTIN FILITZ

Barmherziger Gott, wir wollen zu dir stehen, und doch versagen wir in Kleinigkeiten. Schenk du uns, dass wir uns selber nüchtern nicht überschätzen, sondern dir treu bleiben im Großen und im Kleinen.

Wenn Reue nicht interessiert

1 Als es Morgen wurde, fassten die Hohepriester und die
Ältesten des Volkes gemeinsam den Beschluss, Jesus hinrich-
ten zu lassen. 2 Sie ließen ihn fesseln und abführen und lie-
ferten ihn dem Statthalter Pilatus aus. 3 Als nun Judas, der
ihn verraten hatte, sah, dass Jesus zum Tod verurteilt war,
reute ihn seine Tat. Er brachte den Hohepriestern und den
Ältesten die dreißig Silberstücke zurück 4 und sagte: Ich
habe gesündigt, ich habe euch einen unschuldigen Menschen
ausgeliefert. Sie antworteten: Was geht das uns an? Das ist
deine Sache. 5 Da warf er die Silberstücke in den Tempel;
dann ging er weg und erhängte sich. 6 Die Hohepriester
nahmen die Silberstücke und sagten: Man darf das Geld
nicht in den Tempelschatz tun; denn es klebt Blut daran.
7 Und sie beschlossen, von dem Geld den Töpferacker zu
kaufen als Begräbnisplatz für die Fremden. 8 Deshalb heißt
dieser Acker bis heute Blutacker. 9 So erfüllte sich, was
durch den Propheten Jeremia gesagt worden ist: *Sie nah-
men die dreißig Silberstücke – das ist der Preis, den er den
Israeliten wert war –* 10 *und kauften für das Geld den Töp-
feracker, wie mir der Herr befohlen hatte.* 11 Als Jesus vor
dem Statthalter stand, fragte ihn dieser: Bist du der König
der Juden? Jesus antwortete: Du sagst es. 12 Als aber die
Hohepriester und die Ältesten ihn anklagten, gab er keine
Antwort. 13 Da sagte Pilatus zu ihm: Hörst du nicht, was sie
dir alles vorwerfen? 14 Er aber antwortete ihm auf keine
einzige Frage, sodass der Statthalter sehr verwundert war.

Matthäus 27,1–14

Judas legt Hand an sich. Aus Verzweiflung. Bei Tag besehen erkennt er, was er angerichtet hat, und stellt fest: »Das habe ich nicht gewollt.« Nein, Judas hat nicht gewollt, dass Jesus zum Tod verurteilt wird, aber er hat es befördert, und jetzt kann er es nicht mehr aufhalten. Immer wieder ist das so: Wir setzen etwas in Bewegung, und dann können wir es nicht mehr aufhalten.

Und jetzt steht Judas da mit dem Geld. Sollte er jemals geldgierig gewesen sein, es ist ihm vergangen. Was ist Geld im Vergleich zu einem Menschenleben? Nur dass ihm diese späte Einsicht nichts mehr nützt. Und auch nicht seine Reue. Bei den Hohepriestern und Ältesten ist er ja auch an der falschen Adresse. Die bereuen nicht. Die sehen sich ihrem Ziel einen Schritt näher. Wie es dem Judas geht, dass da einer vor ihnen steht, dem leidtut, was er angerichtet hat, berührt sie nicht. »Was geht uns das an? Da siehe du zu«, sagen sie und lassen ihn mit sich und seiner Schuld allein. Woraufhin Judas sich erhängt. Er vollzieht an sich selbst die Strafe, die das Gesetz für Menschen vorsieht, die unschuldiges Blut dem Tod ausliefern. Offensichtlich glaubt er nicht, dass es für einen wie ihn noch Gnade geben könnte. Judas verurteilt sich selbst. Er gibt sich selbst verloren. Er macht seinem Leben ein Ende.

Schauen wir noch einmal zurück: gestern Petrus, heute Judas. Der eine lebt mit seiner Schuld, der andere stirbt mit seiner Schuld. Von beiden erzählt die Passionsgeschichte, ohne über sie zu urteilen, um sich dann wieder Jesus zuzuwenden. Warum er wohl schweigt, als die Hohepriester und Schriftgelehrten ihn anklagen? Vielleicht weiß er, dass es keinen Sinn hat, sich zu rechtfertigen. Wenn Menschen in ihren Vorstellungen gefangen sind, ist alles Reden umsonst. Noch wahrscheinlicher ist: Jesus ist innerlich schon viel weiter. Ein König eben, mehr noch, ein leidender Gerechter, der seinen Weg geht, indem er tut, was Gott gefällt.

EVA BÖHME

Herr, schütze uns, wenn wir zu verzweifeln drohen.

Bilder einer Folterung

15 Jeweils zum Fest pflegte der Statthalter einen Gefange-
nen freizulassen, den sich das Volk auswählen konnte.
16 Damals war gerade ein berüchtigter Mann namens Ba-
rabbas im Gefängnis. 17 Pilatus fragte nun die Menge, die
zusammengekommen war: Was wollt ihr? Wen soll ich frei-
lassen, Barabbas oder Jesus, den man den Messias nennt?
18 Er wusste nämlich, dass man Jesus nur aus Neid an ihn
ausgeliefert hatte. 19 Während Pilatus auf dem Richterstuhl
saß, ließ ihm seine Frau sagen: Lass die Hände von diesem
Mann, er ist unschuldig. Ich hatte seinetwegen heute Nacht
einen schrecklichen Traum. 20 Inzwischen überredeten die
Hohepriester und die Ältesten die Menge, die Freilassung
des Barabbas zu fordern, Jesus aber hinrichten zu lassen.
21 Der Statthalter fragte sie: Wen von beiden soll ich freilas-
sen? Sie riefen: Barabbas! 22 Pilatus sagte zu ihnen: Was soll
ich dann mit Jesus tun, den man den Messias nennt? Da
schrien sie alle: Ans Kreuz mit ihm! 23 Er erwiderte: Was
für ein Verbrechen hat er denn begangen? Da schrien sie
noch lauter: Ans Kreuz mit ihm! 24 Als Pilatus sah, dass er
nichts erreichte, sondern dass der Tumult immer größer
wurde, ließ er Wasser bringen, wusch sich vor allen Leuten
die Hände und sagte: Ich bin unschuldig am Blut dieses
Menschen. Das ist eure Sache! 25 Da rief das ganze Volk:
Sein Blut komme über uns und unsere Kinder! 26 Darauf
ließ er Barabbas frei und gab den Befehl, Jesus zu geißeln
und zu kreuzigen.

27 Da nahmen die Soldaten des Statthalters Jesus, führten
ihn in das Prätorium, das Amtsgebäude des Statthalters, und

versammelten die ganze Kohorte um ihn. **28** Sie zogen ihn
aus und legten ihm einen purpurroten Mantel um. **29** Dann
flochten sie einen Kranz aus Dornen; den setzten sie ihm auf
und gaben ihm einen Stock in die rechte Hand. Sie fielen vor
ihm auf die Knie und verhöhnten ihn, indem sie riefen: Heil
dir, König der Juden! **30** Und sie spuckten ihn an, nahmen
ihm den Stock wieder weg und schlugen ihm damit auf den
Kopf.

Matthäus 27,15–30

Das ist eine gespenstische Szene, wenn man sie auf dem Hintergrund der Geschichte unseres Jahrhunderts liest: Die manipulierte und manipulierbare Masse, die am Ende nur noch schreit: Lass ihn kreuzigen! Oder: Barabbas! Oder: Sieg – Heil! Oder nur noch: Ja! auf die Frage: Wollt ihr den totalen Krieg? Sie schreien ihren eigenen Untergang herbei. Die Masse hat kein Schuldbewusstsein. Und das harmlose Bild solcher manipulierter Massen sind fähnchenschwenkende Menschen am Straßenrand, die ihrem Peiniger zujubeln.

Szenenwechsel – Pilatus wäscht seine Hände in Unschuld. Solche Menschen gehören auch zu dieser Szene. Sie haben sich einen Rest von Rechtsbewusstsein bewahrt. Aber sie sind innerlich zu schwach, zu feige. Sie wollen nichts riskieren. Sie schieben die Verantwortung ab auf andere. Manchmal haben sie auch nichts gewusst. Manchmal haben sie auch einfach nur Befehle ausgeführt.

Szenenwechsel – Jesus, der Soldateska ausgeliefert,

er allein unter den gröhlenden Soldaten. Verspotten, anspucken, schlagen. Wir sprechen deutlicher von Folter. Und hier geht es ja nicht einmal darum, ein Geständnis zu erpressen. Hier geschieht das alles nur so aus Spaß, aus Lust am Quälen. Diese Lust am Quälen ist tief mit dem Soldatenbild verbunden, gehört zu jeder Beschreibung aller Kriegsschauplätze: zu den SS-Schergen in deutschen Konzentrationslagern, zu den Russen in Deutschland nach dem 2. Weltkrieg, zu den Amerikanern in Vietnam, den Serben in Bosnien oder den Soldaten in Ruanda. Die gequälten Gesichter der Opfer sind oft nicht zu unterscheiden von den verzerrten Grimassen der Peiniger. Die traurigsten Opfer sind die vergewaltigten Frauen. Jesus mit der Dornenkrone steht für sie alle. Auch wenn die Kunst diese Krone ihrer Eigenschaft als Folterwerkzeug beraubt hat.

Szenenwechsel – Entmachtung der Soldaten am Auferstehungstag. Sie wurden, als wären sie tot. Nun können sie gar nichts mehr machen. Das ist die Hoffnung, die hinter dieser und allen solchen gespenstischen Szenen aufblitzt. Die Quäler, Folterer, Peiniger werden, als wären sie tot – am Ende doch machtlos.

PETER H. BLASCHKE

Behüt uns auch vor Sünd und Schand
und reich uns dein allmächtig Hand,
dass wir im Kreuz geduldig sein,
uns trösten deiner schweren Pein.

Unter schlimmem Befehl

31 Nachdem sie so ihren Spott mit ihm getrieben hatten,
nahmen sie ihm den Mantel ab und zogen ihm seine eigenen
Kleider wieder an. Dann führten sie Jesus hinaus, um ihn zu
kreuzigen. 32 Auf dem Weg trafen sie einen Mann aus Zy-
rene namens Simon; ihn zwangen sie, Jesus das Kreuz zu tra-
gen. 33 So kamen sie an den Ort, der Golgota genannt wird,
das heißt Schädelhöhe. 34 Und sie gaben ihm Wein zu trin-
ken, der mit Galle vermischt war; als er aber davon gekostet
hatte, wollte er ihn nicht trinken. 35 Nachdem sie ihn ge-
kreuzigt hatten, warfen sie das Los und verteilten seine Klei-
der unter sich. 36 Dann setzten sie sich nieder und bewach-
ten ihn. 37 Über seinem Kopf hatten sie eine Aufschrift
angebracht, die seine Schuld angab: Das ist Jesus, der König
der Juden. 38 Zusammen mit ihm wurden zwei Räuber ge-
kreuzigt, der eine rechts von ihm, der andere links. 39 Die
Leute, die vorbeikamen, verhöhnten ihn, schüttelten den
Kopf 40 und riefen: Du willst den Tempel niederreißen und
in drei Tagen wieder aufbauen? Wenn du Gottes Sohn bist,
hilf dir selbst, und steig herab vom Kreuz! 41 Auch die Ho-
hepriester, die Schriftgelehrten und die Ältesten verhöhnten
ihn und sagten: 42 Anderen hat er geholfen, sich selbst kann
er nicht helfen. Er ist doch der König von Israel! Er soll vom
Kreuz herabsteigen, dann werden wir an ihn glauben. 43 Er
hat auf Gott vertraut: der soll ihn *jetzt* retten, wenn er an ihm
Gefallen hat; er hat doch gesagt: Ich bin Gottes Sohn.
44 Ebenso beschimpften ihn die beiden Räuber, die man zu-
sammen mit ihm gekreuzigt hatte.

Matthäus 27,31–44

Wir befinden uns hier in einem Bereich der Bibel, wo es sich verbietet, dass wir uns kluge Gedanken darüber machen. Auch das Predigen hat hier eigentlich aufzuhören. Es reicht völlig, die Worte der Bibel zu hören, die Geschichte, die da geschehen ist, zu lesen. Über die Fußwaschung kann man noch predigen, sich schöne Gedanken machen und Beispiele ausklügeln. Die Beschreibung des langsamen Todes Jesu aber und seiner letzten Vorbereitungen, die macht ganz demütig.

Mit der Fußwaschung zeigt Jesus noch einmal, wie er Diener sein wollte und wie er wollte, dass auch alle seine Jünger zum Dienen bereit sein sollten. Bereit, anderen Güte zu tun, andere zu erfrischen. Dass sie sich ja nicht überheblich aufführen sollten. Die Kreuzigung aber ist kein Predigtstoff. Jedenfalls kein üblicher.

Auch Simon von Kyrene taugt nicht als Vorbild. Er wurde ja gezwungen mitzumachen. Er kam nicht angelaufen und sagte: Hier, Soldaten, lasst mich das Kreuz tragen! Es war andersherum. *Sie,* die Soldaten, pickten ihn heraus, ob er wollte oder nicht. Er wurde nicht gefragt, sie zwangen ihn! Er *musste* das Kreuz tragen. Er machte auf der bösen Seite mit, er half beim Kreuzigen, wurde zum Helfershelfer gemacht.

Ab jetzt stehen sie alle unter fremdem Befehl: die Soldaten, Simon von Kyrene; Jesus auch?

Ich weiß, dass ich als Kind in der Kirche, wenn diese Geschichte am Karfreitag vorgelesen oder in den Passionsmusiken gesungen wurde, immer gehofft hatte, Gott würde doch noch eingreifen. Und sei's im letzten Moment. Wie bei Abraham und Isaak, wo der Engel das Scheiterhaufengeschehen unterbricht und den Sohn gegen einen Widder austauscht, der dann statt seiner hingeschlachtet wird.

Getröstet hat mich eigentlich nur, dass Jesus sagen würde: »Vater, in deine Hände befehle ich meinen Geist.« Dass er aus den Befehlen der Welt heraus sich und alles Gott anbefahl.

MARIA JEPSEN

Gott, schenke mir Kraft, mein Kreuz zu tragen. Auch wenn es in deinen Augen nur klein ist, mir wird es oft zu schwer. Mir fehlt oft der Mut. Stärke mich und steh deiner Kirche bei, dass sie sich in der Nachfolge Jesu übe.

Gott in diese Welt hineinrufen

45 Von der sechsten bis zur neunten Stunde herrschte eine
Finsternis im ganzen Land. **46** Um die neunte Stunde rief
Jesus laut: Eli, Eli, lema sabachtani?, das heißt: Mein Gott,
mein Gott, warum hast du mich verlassen? **47** Einige von
denen, die dabeistanden und es hörten, sagten: Er ruft nach
Elija. **48** Sogleich lief einer von ihnen hin, tauchte einen
Schwamm in Essig, steckte ihn auf einen Stock und gab Je-
sus zu trinken. **49** Die anderen aber sagten: Lass doch, wir
wollen sehen, ob Elija kommt und ihm hilft. **50** Jesus aber
schrie noch einmal laut auf. Dann hauchte er den Geist aus.
51 Da riss der Vorhang im Tempel von oben bis unten ent-
zwei. Die Erde bebte und die Felsen spalteten sich. **52** Die
Gräber öffneten sich und die Leiber vieler Heiligen, die ent-
schlafen waren, wurden auferweckt. **53** Nach der Auferste-
hung Jesu verließen sie ihre Gräber, kamen in die Heilige
Stadt und erschienen vielen. **54** Als der Hauptmann und die
Männer, die mit ihm zusammen Jesus bewachten, das Erdbe-
ben bemerkten und sahen, was geschah, erschraken sie sehr
und sagten: Wahrhaftig, das war Gottes Sohn! **55** Auch viele
Frauen waren dort und sahen von Weitem zu; sie waren
Jesus seit der Zeit in Galiläa nachgefolgt und hatten ihm
gedient. **56** Zu ihnen gehörten Maria aus Magdala, Maria,
die Mutter des Jakobus und des Josef, und die Mutter der
Söhne des Zebedäus.

Matthäus 27,45–56

Es ist dieser Ruf, der traurige Berühmtheit erlangt hat: »Mein Gott, mein Gott, warum hast du mich verlassen?« Merkwürdig, da tobt sich der Mensch in seinen verschiedenartigen Facetten brutal an diesem Jesus von Nazareth aus. Die Sünde wird sichtbar in ihrer ganzen Unmenschlichkeit, aber Jesus blickt in eine ganz andere Richtung. Vom Menschen erwartet er nichts mehr. Von seinen Gegnern hat er nur den Tod zu erwarten, von seinen Jüngern, Männern, ist nichts mehr zu sehen. Immerhin, seine Wegbegleiterinnen sind da und schauen von ferne zu, doch auch von ihnen hat er nichts mehr zu erwarten. Und von Gott? Seine Verzweiflung schreit er hinaus und holt damit Gott in das Geschehen hinein. Er ruft ihn förmlich herunter in diese Dunkelheit des Leides und des Sterbens. Kein Wunder, dass die Welt erschüttert wird. Denn Gott hält sich nicht fern, er ist unterwegs. An dieser Stelle, mitten im tiefsten Leid, setzt die Gegenbewegung ein. In diesem Moment wird schon deutlich: Gott findet sich mit dem Tod dieses einen nicht ab. Der Hauptmann und seine Leute um ihn sind die Ersten, die mehr sehen, die tiefer erkennen. Der von ihnen als Sohn Gottes erkannte Jesus von Nazareth, er hat nicht abgelassen, sich an Gott zu wenden, ihn hineinzurufen in das Geschehen der Welt, in die Wirklichkeit der Sünde. Und inmitten von Jesu Verlassenheit macht sich dieser Angerufene auf. Nicht etwa, dass Leid und Elend damit vergingen, wohl aber, dass zur Wirklichkeit der Sünde die göttliche Wahrheit hinzutritt. Der Hauptmann und seine Leute erschrecken. Sie erschrecken nicht etwa über das Ausmaß an menschlicher Brutalität, die sich da zuvor an diesem einen Menschen wie an so vielen vorher und nachher ausgetobt hat. Nein, das Erschrecken beruht auf dem Eingreifen Gottes. Und nun wir: Können wir der Blickrichtung Jesu folgen und also auch selbst mitten im größten Leid Gott neu mit dem eigenen Geschick verbinden, indem wir ihn im Gebet förmlich auf die Erde herunterholen? Ist nicht genau das die eine Botschaft des Tages: Nicht aufhören, den Blick auf Gott zu richten, wo wir von Menschen nichts mehr zu erwarten haben?

STEFFEN BAUER

Herr, unser Gott, darum bitten wir: Lass uns nicht aufhören, zu dir zu rufen mitten in der größten Not. Auch dort, wo wir von Menschen nichts mehr zu erwarten haben, kommen wir zu dir und rufen dich neu in das Geschehen der Welt, in unseren eigenen Lebenslauf hinein.

Alles nur dummes Zeug?

1 Am ersten Tag der Woche gingen die Frauen mit den wohl-
riechenden Salben, die sie zubereitet hatten, in aller Frühe
zum Grab. 2 Da sahen sie, dass der Stein vom Grab wegge-
wälzt war; 3 sie gingen hinein, aber den Leichnam Jesu, des
Herrn, fanden sie nicht. 4 Während sie ratlos dastanden,
traten zwei Männer in leuchtenden Gewändern zu ihnen.
5 Die Frauen erschraken und blickten zu Boden. Die Män-
ner aber sagten zu ihnen: Was sucht ihr den Lebenden bei
den Toten? 6 Er ist nicht hier, sondern er ist auferstanden.
Erinnert euch an das, was er euch gesagt hat, als er noch in
Galiläa war: 7 Der Menschensohn muss den Sündern aus-
geliefert und gekreuzigt werden und am dritten Tag auferste-
hen. 8 Da erinnerten sie sich an seine Worte. 9 Und sie
kehrten vom Grab in die Stadt zurück und berichteten alles
den Elf und den anderen Jüngern. 10 Es waren Maria Mag-
dalena, Johanna und Maria, die Mutter des Jakobus; auch die
übrigen Frauen, die bei ihnen waren, erzählten es den Apos-
teln. 11 Doch die Apostel hielten das alles für Geschwätz
und glaubten ihnen nicht. 12 Petrus aber stand auf und lief
zum Grab. Er beugte sich vor, sah aber nur die Leinenbinden
(dort liegen). Dann ging er nach Hause, voll Verwunderung
über das, was geschehen war.

Lukas 24,1–12

Was hat sich Lukas nur dabei gedacht? Er erzählt die Geschichte vom leeren Grab gerade so, als wolle er einen zum Unglauben anleiten: Die Frauen, die am Ostermorgen das Grab Jesu aufsuchen, müssen sich von den Engeln zunächst den tadelnden Vorwurf anhören: »Was sucht ihr den Lebenden bei den Toten?« Dann werden sie erinnert an Worte Jesu, die er in Galiläa gesprochen hatte. Aber Glaubenseinsicht scheint all dies nicht auszulösen. Als die Frauen das Gehörte und Gesehene verkünden, wird ihre Rede als Geschwätz, als »dummes Zeug« angesehen. »Sie glaubten ihnen nicht.« Mit diesen harten Worten endet der Bericht des Lukas vom leeren Grab. Und weil dieser Schluss allzu hart erschien, haben spätere Handschriften – in Anlehnung an eine Erzählung aus dem Johannesevangelium (20,1–10) – angefügt, dass wenigstens Petrus sich von der Richtigkeit der Botschaft der Frauen zu überzeugen versuchte. Aber zu mehr als zu einem »Sich-Wundern« reicht es auch bei ihm nicht. Osterglaube braucht einen anderen Grund. Welchen? Das veranschaulicht Lukas mit seiner Erzählung von den Emmaus-Jüngern.

Was hat sich Lukas bei seinem Bericht vom leeren Grab gedacht? Vielleicht wollte er warnen, Osterglauben zu verwechseln mit dem Für-wahr-Halten einer vermeintlich beweisbaren Tatsache. Die Botschaft vom leeren Grab für sich erzeugt keinen Osterglauben. Sie führt zu Verunsicherung, zu Unglauben, allenfalls zum staunenden Sich-Wundern. Echter Osterglaube macht sich fest an der Begegnung mit dem Auferstandenen. Wenn er in unser Leben tritt, dann werden wir dessen gewiss: Er lebt und geht mit uns durch unser Leben und durch unser Sterben. In Gottes Reich. Wenn der Auferstandene uns begegnet, dann gewinnen wir die

Gewissheit, dass der Tod keine unüberwindbare Grenze ist, sondern das Tor zum ewigen Leben. Dann ist die Osterbotschaft kein Geschwätz, kein »dummes Zeug«. Sie wird zum einzigen Trost in unserem Leben und Sterben.

ULRICH FISCHER

Jesus lebt, mit ihm auch ich!
Tod, wo sind nun deine Schrecken?
Er, er lebt und wird auch mich
von den Toten auferwecken.
Er verklärt mich in sein Licht;
dies ist meine Zuversicht.

Wo liegt Emmaus?

13 Am gleichen Tag waren zwei von den Jüngern auf dem
Weg in ein Dorf namens Emmaus, das sechzig Stadien von Je-
rusalem entfernt ist. 14 Sie sprachen miteinander über all
das, was sich ereignet hatte. 15 Während sie redeten und
ihre Gedanken austauschten, kam Jesus hinzu und ging mit
ihnen. 16 Doch sie waren wie mit Blindheit geschlagen, so-
dass sie ihn nicht erkannten. 17 Er fragte sie: Was sind das
für Dinge, über die ihr auf eurem Weg miteinander redet? Da
blieben sie traurig stehen, 18 und der eine von ihnen – er
hieß Kleopas – antwortete ihm: Bist du so fremd in Jerusa-
lem, dass du als Einziger nicht weißt, was in diesen Tagen dort
geschehen ist? 19 Er fragte sie: Was denn? Sie antworteten
ihm: Das mit Jesus aus Nazaret. Er war ein Prophet, mächtig
in Wort und Tat vor Gott und dem ganzen Volk. 20 Doch un-
sere Hohepriester und Führer haben ihn zum Tod verurtei-
len und ans Kreuz schlagen lassen. 21 Wir aber hatten ge-
hofft, dass er der sei, der Israel erlösen werde. Und dazu ist
heute schon der dritte Tag, seitdem das alles geschehen ist.
22 Aber nicht nur das: Auch einige Frauen aus unserem Kreis
haben uns in große Aufregung versetzt. Sie waren in der
Frühe beim Grab, 23 fanden aber seinen Leichnam nicht.
Als sie zurückkamen, erzählten sie, es seien ihnen Engel er-
schienen und hätten gesagt, er lebe. 24 Einige von uns gin-
gen dann zum Grab und fanden alles so, wie die Frauen ge-
sagt hatten; ihn selbst aber sahen sie nicht. 25 Da sagte er zu
ihnen: Begreift ihr denn nicht? Wie schwer fällt es euch, alles
zu glauben, was die Propheten gesagt haben. 26 Musste nicht
der Messias all das erleiden, um so in seine Herrlichkeit zu

gelangen? **27** Und er legte ihnen dar, ausgehend von Mose
und allen Propheten, was in der gesamten Schrift über ihn ge-
schrieben steht. **28** So erreichten sie das Dorf, zu dem sie
unterwegs waren. Jesus tat, als wolle er weitergehen, **29** aber
sie drängten ihn und sagten: Bleib doch bei uns; denn es wird
bald Abend, der Tag hat sich schon geneigt. Da ging er mit
hinein, um bei ihnen zu bleiben. **30** Und als er mit ihnen bei
Tisch war, nahm er das Brot, sprach den Lobpreis, brach das
Brot und gab es ihnen. **31** Da gingen ihnen die Augen auf
und sie erkannten ihn; dann sahen sie ihn nicht mehr. **32** Und
sie sagten zueinander: Brannte uns nicht das Herz in der
Brust, als er unterwegs mit uns redete und uns den Sinn der
Schrift erschloss? **33** Noch in derselben Stunde brachen sie
auf und kehrten nach Jerusalem zurück und sie fanden die
Elf und die anderen Jünger versammelt. **34** Diese sagten:
Der Herr ist wirklich auferstanden und ist dem Simon er-
schienen. **35** Da erzählten auch sie, was sie unterwegs erlebt
und wie sie ihn erkannt hatten, als er das Brot brach.

Lukas 24,13–35

Wir wissen nicht genau, wo Emmaus lag. Emmaus war offensichtlich kein Ort mit großer Tradition. Es war ein Dorf in der Nähe der Heiligen Stadt, ein Dorf mit alltäglichen Leuten und Dingen. Vielleicht hatten die beiden Männer aus unserer Geschichte gemeint, sie müssten nie mehr nach Emmaus zurückkommen. Vielleicht hatten sie gedacht: Wenn Jesus sein Reich aufrichtet, dann feiern wir ein ewiges Fest in Jerusalem. Aber diese Hoffnung war zerbrochen. Sie kehren nach Emmaus zurück.

Aber da war nun dieser Fremde, der mit seinen Fragen all den Frust aus ihnen herausholte. Trotz seiner Kritik tat es gut, mit ihm zu sprechen. Sie luden ihn ein, bei ihnen einzukehren, irgendwo in einem Haus in Emmaus. Und dort beim Mahl, an der Art, wie er das Brot brach und Gott dankte, erkannten sie ihn. Obwohl er sofort ihren Blicken entschwindet, wissen sie plötzlich: Jesus lebt! Er ist da, mitten unter uns in unserem kleinen Dorf abseits von Jerusalem.

Es ist nicht wichtig, dass wir wissen, wo genau Emmaus lag. Wichtig ist zu erfahren, dass der Auferstandene auch denen nachgeht und begegnet, die sich enttäuscht von großen Erwartungen an die unscheinbaren Orte des alltäglichen Lebens zurückziehen. Hier kann es geschehen, vielleicht beim Wiederhören einer vertrauten Geschichte, beim Erinnern eines schon fast vergessenen Wortes oder beim Feiern des Mahles, dass uns gewiss wird: Jesus lebt, er ist da, gerade hier in meinem Winkel; hier, jenseits des Friedhofs meiner begrabenen Hoffnungen, zeigt er sich mir, spricht mit mir und konfrontiert meine zerbrochenen Erwartungen mit der Wirklichkeit der Verheißung Gottes.

Auch wenn ich seine Erscheinung nicht festhalten oder dokumentieren kann, so bleibt es gewiss: Er lebt, und das ist Hoffnung und Halt für mein Leben. Und wie die Emmaus-Jünger gemerkt haben, dass sie mit dieser Erfahrung nicht allein sind, so finden wir unser Erleben wieder im Bekenntnis der ganzen Christenheit zu Jesu Auferstehung.

WALTER KLAIBER

Herr, begleite mich und begegne mir auch auf den Wegen, die von dir wegzuführen scheinen. Danke, dass du mir auch dort nahe bist, wo ich mich enttäuscht verkrieche.

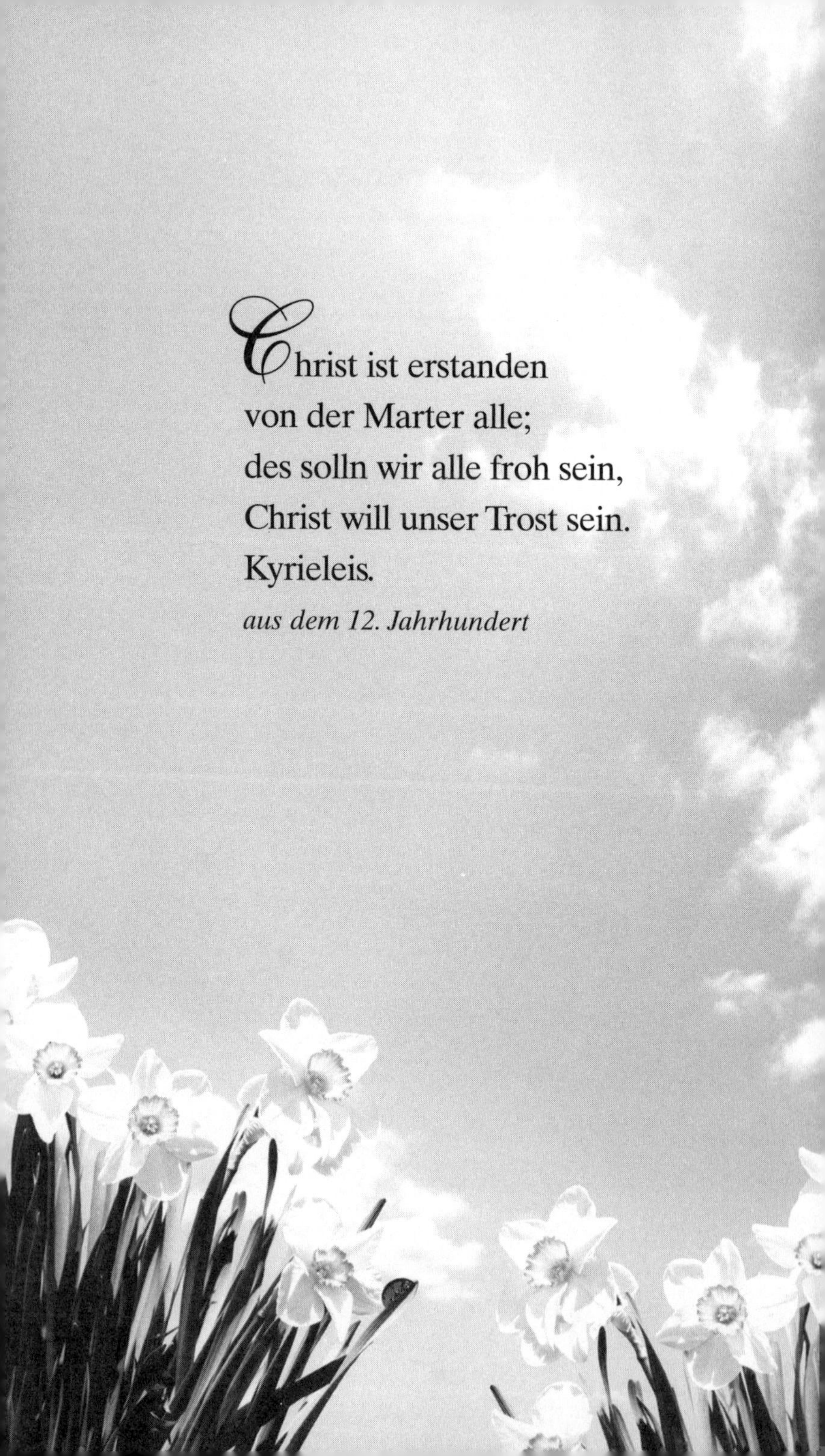

Christ ist erstanden
von der Marter alle;
des solln wir alle froh sein,
Christ will unser Trost sein.
Kyrieleis.

aus dem 12. Jahrhundert

Verzeichnis der Bibelstellen

Verzeichnis der Autorinnen und Autoren

Bild- und Textnachweis